누구나
쉽고 재미있게

사고력 수학

느크

PA8

(7~8세)

경우의 수와 통계

이 책을 보시는 부모님들께

머리가 좋아야 수학을 잘 한다는 말이 있습니다. 또, 수학을 잘 못하는 아이는 아빠, 엄마의 머리를 물려받아서 그렇다는 등의 난데없는 유전자 논쟁이 벌어지기도 합니다. 하지만 많은 사람들의 일반적인 생각과는 달리 이는 근거없는 이야기입니다. 외국의 한 연구 기관에서 언어, 사회, 수학, 과학의 네 가지 분야 중 어떤 것이 아동의 선천적 재능에 영향을 받는지 조사한 연구 결과를 발표했는데 일반적인 예상과는 다르게 선천적 재능에 영향을 받는 순서는 사회, 언어, 과학, 수학 순이었습니다. 다시 말해, 수학은 여러 학문 분야 중 선천적인 재능보다는 후천적인 환경이나 교육자, 학습자의 노력에 가장 큰 영향을 받는 학문이라 볼 수 있습니다. 수학의 가장 기본이 되는 '수 영역'의 예를 들어 보겠습니다. 아이들이 수를 처음 접하는 시기의 차이는 있지만 실제 수에 대한 감각과 수를 다루는 연습은 생활 속에서의 체험이나 다양한 활동, 학습 속에서 이루어집니다. 즉, 수학의 가장 기본이 되는 수는 선천적으로 가진 재능과는 거의 연관이 없으며 자라나면서 어떤 환경에 놓이는지, 얼마나 많이 수를 생각할 수 있는 기회가 있는지, 나이에 맞는 올바른 학습을 만날 수 있는지에 좌우됩니다. 그러므로 아이의 수학적 발달에 문제가 있다면, 그 아이가 누구를 닮아서 그런지, 지능이 떨어지는지를 따질 것이 아니라 수학적 힘을 기를 수 있는 학습 환경을 어떻게 만들어줄 것인가를 고민해야 합니다.

국제영재교육연구소의 랜즐리 소장은 영재의 기준을 마련하기 위해 여러 연구를 시행한 결과, 영재의 공통적인 특징들을 발견하였습니다. 첫째는 115 이상의 지능지수(IQ), 둘째는 창의력(Creativity), 셋째는 동기적 요소라고 부르는 끈질긴 근성과 과제집착력이었습니다. 이들 세 가지 요소 역시 선천적으로 타고 나는 부분도 물론 있겠지만 대부분 후천적인 학습이나 교육 활동을 통해 기를 수 있는 능력이라는 데에 이의를 제기하기는 힘듭니다.

이 처럼 수학적 능력은 후천적 학습 환경에 주로 좌우되며, 특히 어린 시절에는 그러한 경향이 더더욱 두드러집니다. 하지만 우리의 아이들을 둘러싼 수학적 환경을 다시 한 번 돌아봅시다. 초등학교를 들어가기 전부터 과도한 학습량과 무의미한 반복 활동, 이후의 수학 학습에 오히려 방해가 될 정도로 무리한 선행 학습 등의 환경은 아이의 수학적 힘을 길러주기보다는 수학에서 가장 중요한 창의적 사고력을 기를 수 있는 기회를 박탈함과 동시에 수학에 대한 흥미를 급속하게 떨어뜨리게 하여 수학으로 문제를 해결하려는 의지, 즉 수학적 동기를 스스로에게 부여하는 것을 불가능하게 만들어 버립니다. 중요한 것은 남들보다 먼저, 그리고 더 많이 수학적 지식을 머리 속에 주입하는 것이 아니라 태어나서부터 누구나 가지고 있는 수학에 대한 관심, 그리고 수학으로 생각하는 힘을 일깨워주는 것입니다.

수학을 잘할 수 있는 힘, 수학적 잠재력은 이미 여러분 아이들의 머릿 속에 줄곧 있어왔습니다. 단지 어떤 아이는 그것을 찾아내어 드러낼 수 있었고, 어떤 아이는 꼭꼭 숨긴 채 평생 드러나지 않을 뿐입니다. 이러한 수학적 잠재력에 대한 참신한 자극 – 생각을 두드리는 '노크'를 제안하려 합니다. '노크'는 수학적 지식과 스킬만을 무리하게 밀어넣지 않습니다. 왜 수학을 해야 하고, 어떻게 수학으로 가능한지 끊임없이 스스로 생각하게하는 계기로서의 활동이 되려 합니다. 일상으로부터 괴리된 학문으로서의 수학이 아닌, 삶을 살아가며 반드시 키워야 할 논리적, 합리적 사고력을 기를 수 있는 누구에게나 가장 중요한 경쟁력으로서의 수학을 주장합니다. '노크'야말로 새로운 수학 학습의 길을 보여주는 방향타가 될 것입니다.

한 현 조

똑!똑! 사고력 수학
노크의 구성

시작 : 생각열기

사고력 수학 주제에 맞는 수학적 상황, 수학사, 생활 속 수학 이야기 등의 자유로운 형식으로 흥미를 유발하고, 수학적 사고를 자극하는 주제별 프롤로그

노크 포인트

문제 해결의 핵심적 원리를 '콕!' 집어서 간결하게 요약한 사고력 수학 주제별 포인트

전개 : 유형 탐구

사고력 수학의 대표 유형을 노크만의 새로운 방법으로 차근차근 한 단계씩 익히고 해결하는 단계적 유형 탐구와 이를 통해 익힌 방법적 원리를 적용, 확장하는 확인 문항

수학 요정들의 친절한 충고와 꼬마 요괴들의 밉살스럽지만 유용한 조언으로 어려운 발전 문항의 해결을 돕는 문제 해결 도우미 박스

발전 : 창의적 문제해결력

3개의 사고력 수학 주제를 갈무리하는, 한 차원 높은 창의력과 복합적인 사고력을 요구하는 발전 문항의 끝판왕

마무리 : 정답 및 해설

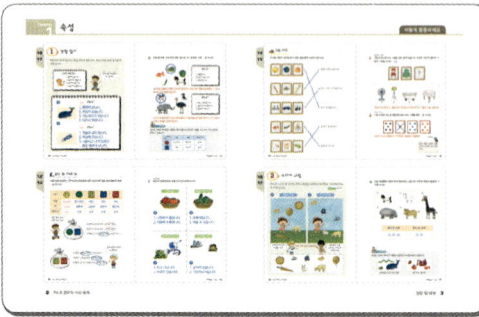

본문에 그대로 첨삭된 정답과 간략한 풀이 과정을 통한 사고력 수학 활동 피드백으로 마무리

노크
캐릭터 소개

 애니메이션

지식을 되찾기 위해 노크랜드로 떠난 모험가 친구들

생각만 하지 말고 직접 해 봐야 해.

한번 시작하면 끝까지 해야지.

생각을 먼저 하면 실수하는 일이 없어.

수학 세상의 모든 일이 궁금해.

태돌
추진력 대장

현우
끈기 도령

티나
치밀한 전략가

큐리
호기심 해결사

마법사 멀린과 수학 요정

마법사 멀린

노크랜드의 지식의 수호자. 지식을 파괴하려는 대마왕의 음모에 맞서 모험을 떠난 친구들의 든든한 조력자.

아르키메데스

페르마

플라톤

파스칼

피타고라스

가우스

유클리드

오일러

대마왕과 꼬마 요괴

대마왕

노크랜드의 지식의 파괴자. 세계를 차지하기 위해 모든 지식을 없애버리려고 하는 요괴들의 두목.

딴소리

한입

장난

잘난척

딴짓

멍하니

잠만자

대충이

산만해

울보

거꾸로

뛰어

이 책의 차례

Chapter 1

속성

 # 관찰 일기

태돌이가 고양이를 보고 관찰 일기를 썼습니다. 태돌이처럼 관찰 일기를 완성해 보시오.

고양이 관찰 일기

1. 땅에서 삽니다.
2. 줄무늬가 있습니다.
3. 꼬리가 있습니다.
4. 다리가 4개입니다.

고양이를 관찰해서 쓴 일기야.

고래 관찰 일기

_____

_____

_____

_____

치약 관찰 일기

_____

_____

_____

다음 중 어떤 것에 대한 관찰 일기입니다. 알맞은 것에 ◯표 하시오.

관찰 일기

1. 동물입니다.
2. 다리가 없습니다.
3. 초록색입니다.

관찰 일기

1. 다리가 4개입니다.
2. 얼룩 무늬가 있습니다.
3. 집에서 키웁니다.

노크 포인트

속성은 사물의 특징이나 성질을 이야기합니다. 하나의 사물을 보고 여러 가지 속성을 찾을 수 있습니다.

단추 \ 속성	모양	색깔	구멍의 수
	동그라미	빨간색	2개
	네모	파란색	4개

같은 점, 다른 점

다음 표를 완성하고, 주머니 안 단추들의 같은 점과 다른 점을 찾아 알맞은 말에
◯표 하시오.

단추					
모양	동그라미				
색	노란색				
구멍의 수	4개				

같은 점도 있고,
다른 점도 있네.

모양이 (같습니다 , (다릅니다)).
색깔이 (같습니다 , (다릅니다)).
구멍의 수가 (같습니다 , 다릅니다).

모양이 (같습니다 , 다릅니다).
색깔이 (같습니다 , 다릅니다).
구멍의 수가 (같습니다 , 다릅니다).

표를 보면서 하면
더 쉽단다.

[같은 점]

1 주어진 것들의 같은 점을 각각 2가지씩 쓰시오.

사과와 감

애호박과 파프리카

스케이트와 자전거

잠자리와 나비

 그림 카드

주어진 3장의 카드를 보고 같은 점을 찾아 선으로 이으시오.

     •   • 필통 안에 있습니다.

     •   • 타고 다닐 수 있습니다.

     •   • 둥근 모양입니다.

     •   • 꼬리가 있습니다.

     •   • 물에서 삽니다.

1 3장의 카드에 있는 그림은 같은 점이 있습니다. 마지막 카드에 알맞은 그림의 기호를 쓰시오.

2 다음 4장의 카드 중 공통점이 없는 카드 |장을 골라 ✕표 하시오.

이것도 몰라!

모양, 색깔, 모양의 수를 하나씩 비교해 보고 있는 거야?

스티커 그림

주어진 스티커 중 현우와 티나가 원하는 종류의 스티커만을 사용하여 그림을 꾸며 보시오.

준비물 그림 스티커

현우의 그림

티나의 그림

노란색 스티커만
사용할 거야.

살아있는 것을
나타낸 스티커만
사용할 거야.

다음 동물들을 기준에 맞게 분류하려고 합니다. 빈칸에 알맞은 동물의 기호를 쓰시오.

뿔이 있는 동물	뿔이 없는 동물

일정한 기준에 의해 모인 사물들의 공통적인 속성을 찾을 수 있습니다.

공통 속성: 다리가 없는 동물

공통 속성: 빨간색

 # 기준 맞추기

큐리와 오빠 아인이는 장난감을 일정한 기준에 따라 각 상자에 넣어 정리하였습니다. ☐ 안에 정리한 기준을 써넣으시오.

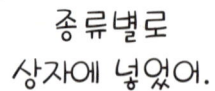 종류별로 상자에 넣었어.

동물 장난감

 장난감을 보면 기준을 알 수 있지.

[기준]

1 일정한 기준에 따라 분류한 것입니다. 빈 곳에 분류 기준을 써넣으시오.

이것도 몰라!

날 보면 분류 기준을 바로 알텐데~ 낄낄.

[별 스티커]

2 태돌이는 집에 있는 물건 중 몇 개에 별 스티커를 붙였습니다. 태돌이가 스티커를 붙인 기준을 쓰시오.

기준에 따라 나누기

다음 8명의 아이들을 두 모둠으로 나누려고 합니다. 기준을 정하여 2가지 방법으로 모둠을 나누어 보시오.

태경 11세   현우 7세   아인 11세   티나 7세

태돌 7세   지오 11세   큐리 7세   초이 11세

[방법 1]

기준: 남자	기준: 여자
태경,	

[방법 2]

기준:	기준:

[바뀌는 기준]

1 현우는 다음과 같이 일정한 기준에 따라 음식을 나누었습니다. 현우와 다른 기준을 정하여 음식을 나누어 보시오.

준비물 음식 스티커

빨간 음식	빨갛지 않은 음식

3 차례로 줄 서기

마법 나라의 동물 젤리들이 줄서기를 합니다. 젤리들의 이야기에 맞게 주어진 젤리 스티커를 붙이시오.

준비물 젤리 스티커

모양이 같아요.

색깔이 같아요.

모양이 같아요.

색깔이 같아요.

모양이 같아요.

앞 젤리와
색깔이 같아요.

시작

앞과 뒤의 젤리의
공통점을 찾아야 해.

줄의 앞에 있는 젤리와 같은 점이 한 가지씩 있도록 스티커를 붙이시오.

 준비물 젤리 스티커

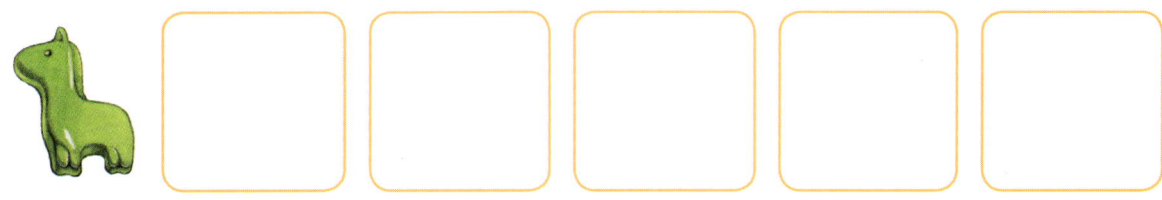

노크 포인트

여러 가지 속성을 모두 만족하는 물건을 찾을 때에는 각 속성에 해당하는 물건과 해당하지 않는 물건을 차례로 생각하여 찾습니다.

수박   오렌지   컵   딸기   배드민턴 공

① 먹을 수 있습니다. → 수박, 오렌지, 딸기
② 공 모양입니다.   → 수박, 오렌지
③ 초록색입니다.   → 수박

조건에 맞는 물건

다음 중 대마왕이 말하는 물건을 찾아 ◯표 하시오.

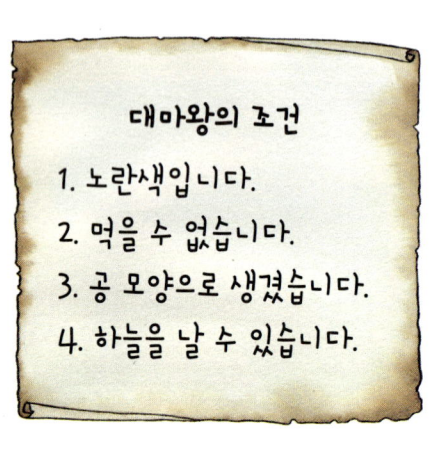

대마왕의 조건

1. 노란색입니다.
2. 먹을 수 없습니다.
3. 공 모양으로 생겼습니다.
4. 하늘을 날 수 있습니다.

왼쪽 조건을 모두 만족하는 물건을 찾아 와!

❶ 노란색이 아닌 물건에 모두 ✕표 하시오.

❷ ❶에서 ✕표 하지 않은 물건 중 먹을 수 없는 것에 △표 하시오.

❸ ❷에서 △표 한 것 중 공 모양으로 생긴 하늘을 날 수 있는 것에 ◯표 하시오.

[기준 만족]

1 두 가지 기준을 모두 만족하는 것의 기호를 쓰시오.

① 다리가 4개입니다.
등에 혹이 있습니다.

② 다리가 없습니다.
속에 팥이 있습니다.

[조건에 맞는 것]

2 마법사 멀린의 질문을 보고, 질문을 만족하는 것을 3가지 쓰시오.

이건 먹을 수 있고,
나무에서 열리고,
빨간색이지.

음......
빨간색 과일?

잘 생각해 봐!

딸기랑 토마토는 나무에
서 열리는 게 아니란다.

질문하고 찾아내기

다음 대화를 보고 현우가 생각하고 있는 것에 ◯표 하시오.

큐리

현우

살아있는 거야?	응.
뿔이 있니?	아니.
무늬가 있니?	응.
우와~ 나 찾았어~~.	잘했어.

어떻게 알아냈어?
난 모르겠는데······.

현우의 대답을
잘 보면 알 수 있어.

1 티나와 딴소리 요괴가 질문 놀이를 하고 있습니다. 티나가 주어진 것 중 카멜레온을 생각하고 있을 때, 딴소리 요괴가 질문을 통해 찾을 수 있도록 대화를 완성하시오.

티나

딴소리야, 다음 중 내가 생각한 것이 뭔지 맞혀 봐. 네 질문에 '네', '아니요'로 대답할게.

딴소리 요괴

음……. 먹는 거야?

그럼, 살아있는 거야?

네.

알았다! 카멜레온

1 손전등과 초의 공통점과 차이점을 가능한 많이 쓰시오.

공통점	
차이점	

손전등이랑 초가
공통점이 있어요?

모양도 보고,
언제 사용하는 물건
인지도 생각해 보렴.

2 티나가 가장 빠른 길로 미로를 통과합니다. 미로를 통과하며 만난 동물들의
공통점을 쓰시오.

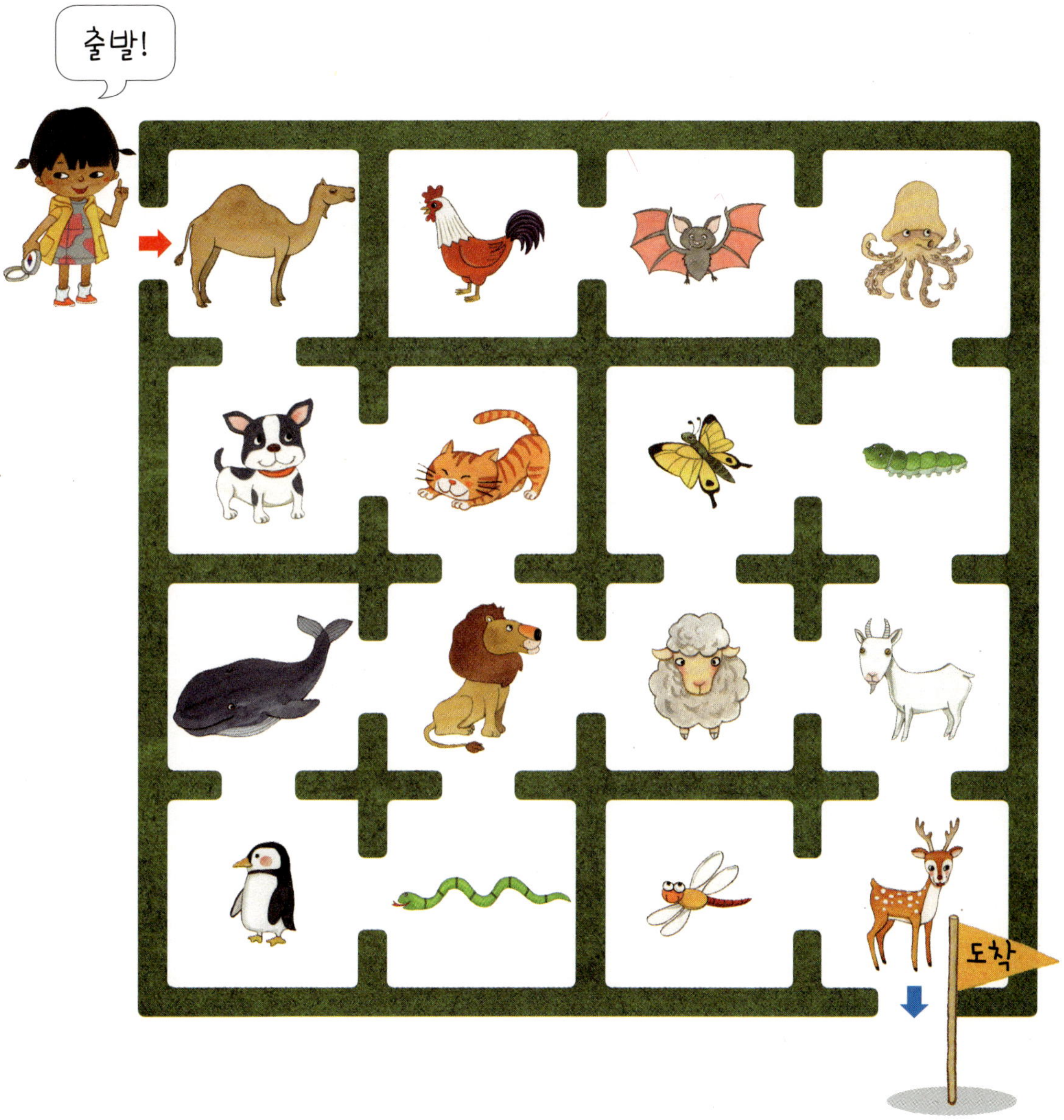

출발!

도착

Chapter

2

속성과 분류

뿌뿌

대마왕이 명령을 내립니다. '뿌뿌'를 모두 찾아 ⃝표 하시오.

지금부터 기어다니는 것은
모두 '뿌뿌'라고 불러라!

달팽이가 싫어할 것
같아. 이름을 꼭
바꿔야 하는 거야?

바꿔야 해. 말을
안 들으면 혼이
날 거야. 엉엉.

 자신만의 '치치', '무무'의 특징을 정하고 특징에 맞는 스티커를 모두 찾아 붙이시오. (단, 스티커를 모두 사용하지 않아도 됩니다.) 준비물 음식 스티커

[치치]	[무무]
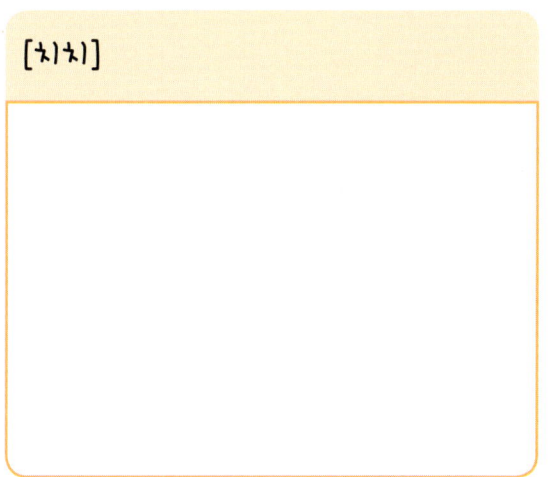	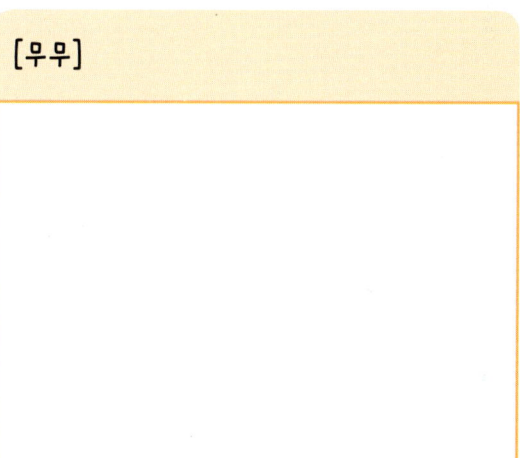

노크 포인트

공통적인 속성을 이용하여 주어진 사물을 '모모'와 '모모가 아닌 것'으로 나눌 수 있습니다.

모모는 필통 안에 있는 물건 →

모모	모모가 아닌 것

 **파파는 무엇일까요?**

태돌이는 다음과 같이 '파파'와 '파파가 아닌 것'을 말하였습니다. '파파'는 무엇입니까?

파파입니다.	파파가 아닙니다.

❶ 다음 중 '파파'의 공통점이 될 수 있는 것의 기호를 모두 쓰시오.

> ㉠ 동물원에서 볼 수 있습니다.
> ㉡ 다리가 **4**개입니다.
> ㉢ 무늬가 있습니다.
> ㉣ 육식 동물입니다.

❷ ❶에서 고른 공통점에서 '파파가 아닌 것'의 공통점을 모두 고르시오.

❸ '파파'는 '파파가 아닌 것'에서 찾을 수 없는 공통점이 있어야 합니다. '파파'는 무엇인지 쓰시오.

[포포]

1 다음을 보고 물음에 답하시오.

포포입니다.	포포가 아닙니다.

❶ 큐리와 티나가 '포포'가 무엇인지 이야기합니다. 바르게 이야기한
사람은 누구입니까?

'포포'는 가을에 볼 수 있는 것들이야.

큐리

'포포'는 초록색인 것들이야.

티나

❷ 다음 중 '포포'인 것에 모두 ○표 하시오.

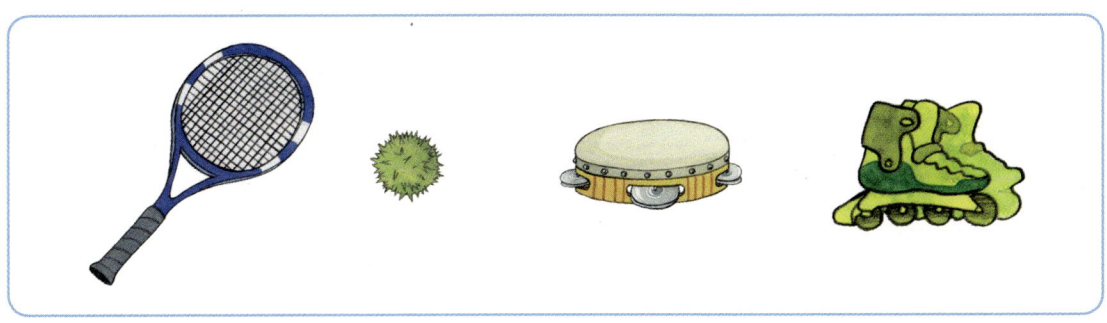

 **빵빵, 뿡뿡**

현우는 '빵빵'을 다음과 같이 정했습니다. 다음 중 '빵빵'인 것을 찾아 ☐ 안에 '빵빵'을 쓰시오.

나는 빵빵이 아닙니다.

나는 빵빵입니다.

나는 빵빵이 아닙니다.

나는 빵빵입니다.

나는 빵빵이 아닙니다.

나는 빵빵이 아닙니다.

나는 빵빵입니다.

나는 빵빵이 아닙니다.

나는 빵빵입니다.

1 한입 요괴가 다음과 같이 '뿡뿡'을 정하였습니다.

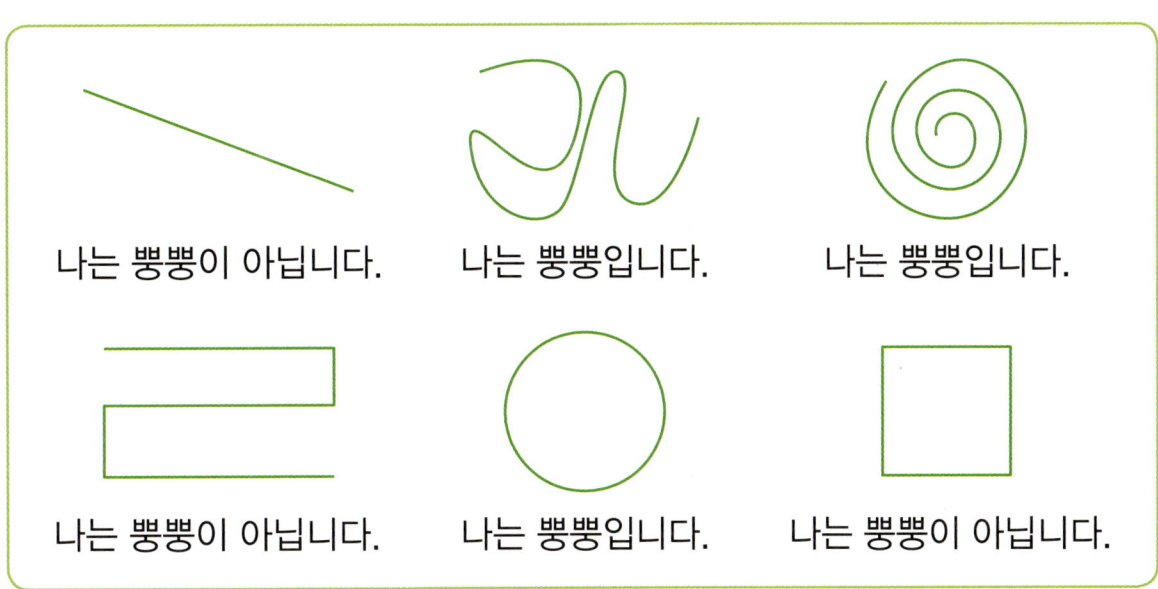

'뿡뿡'인 모양과 '뿡뿡'이 아닌 모양을 위와 다르게 2개씩 그리시오.

5 나는 어디?

친구들이 운동장에서 자신의 특징에 따라 동그라미 안에 들어갑니다.

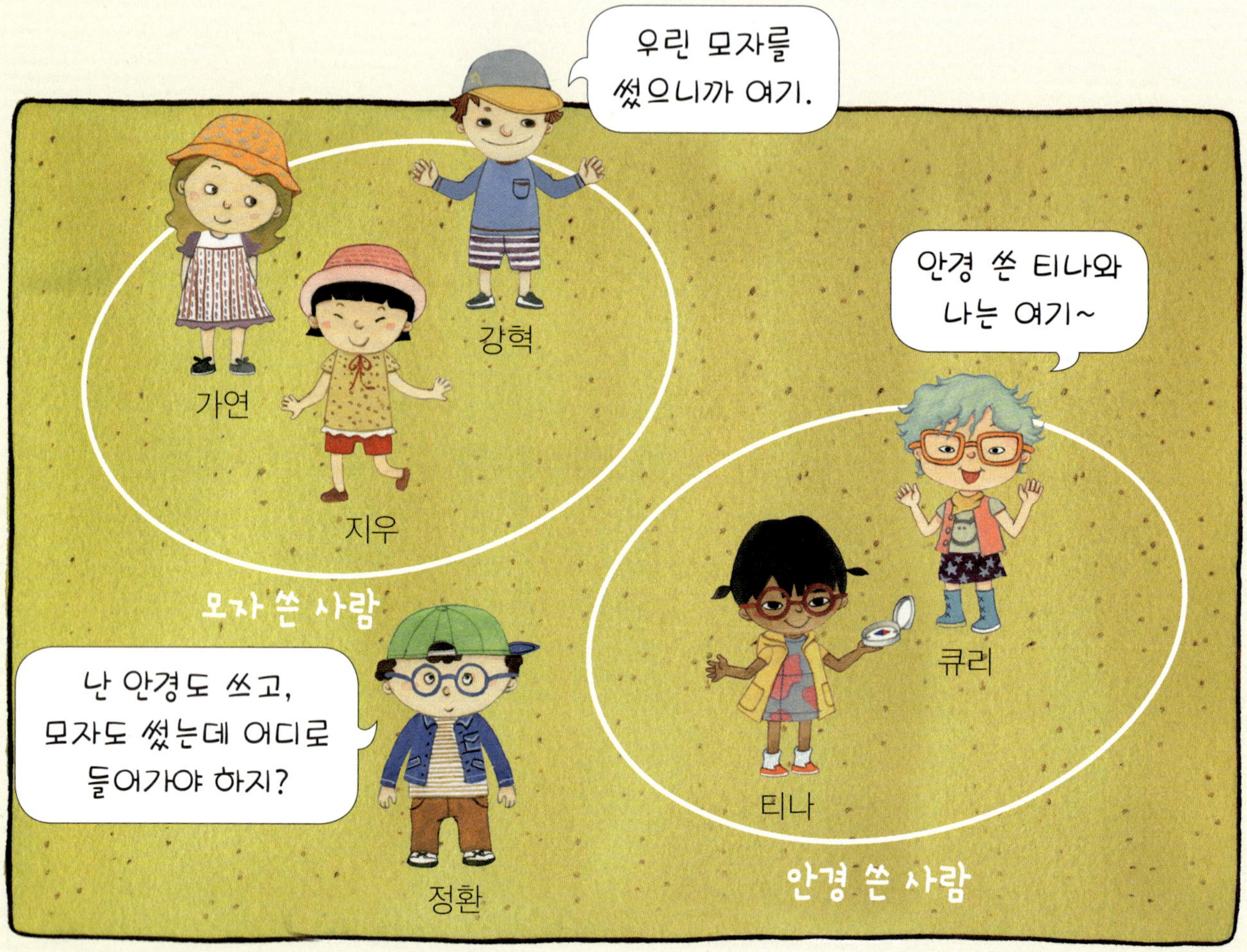

우린 모자를 썼으니까 여기.
안경 쓴 티나와 나는 여기~
가연
지우
강혁
모자 쓴 사람
큐리
티나
안경 쓴 사람
난 안경도 쓰고, 모자도 썼는데 어디로 들어가야 하지?
정환

위와 같이 동그라미가 그려진 경우에는 안경과 모자를 모두 쓴 정환이는 들어갈 곳이 없습니다. 동그라미 2개를 어떻게 그리면 정환이가 들어갈 곳이 생기는지 이야기해 보시오.

친구들이 운동장에 다음과 같이 동그라미를 다시 그렸습니다. 얼굴 스티커를 알맞은 곳에 붙이시오.

준비물 얼굴 스티커

노크 포인트

다음과 같이 포함 관계를 나타내는 그림을 벤 다이어그램이라고 합니다.

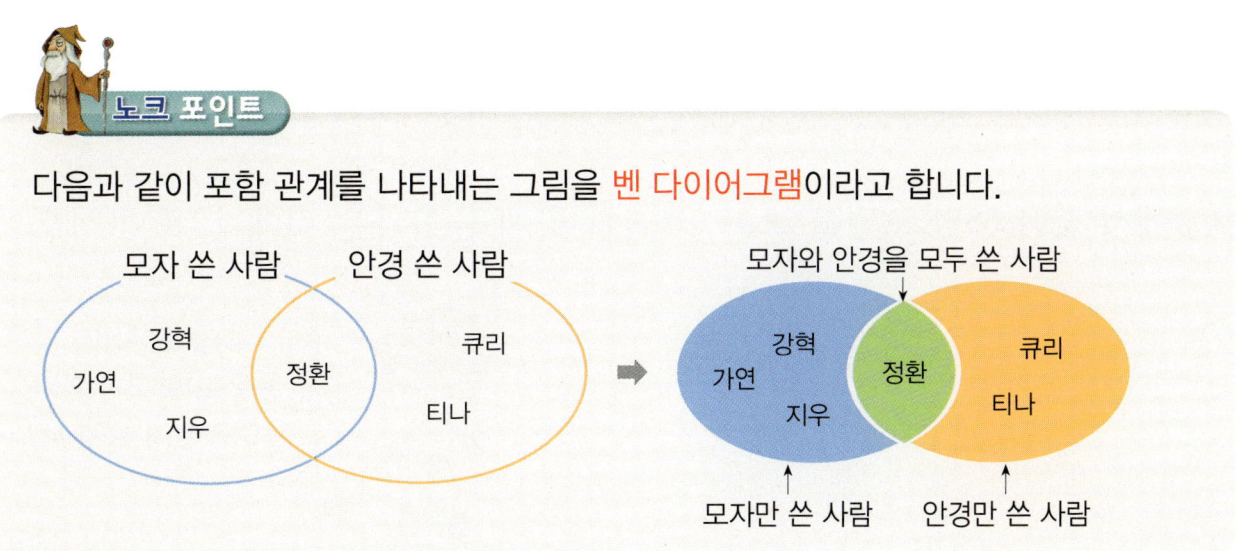

벤 다이어그램

현우는 나는 것과 동물들을 모아서 벤 다이어그램으로 나타내었습니다. 다음 중 색칠한 곳에 들어가는 것에 ◯표 하시오.

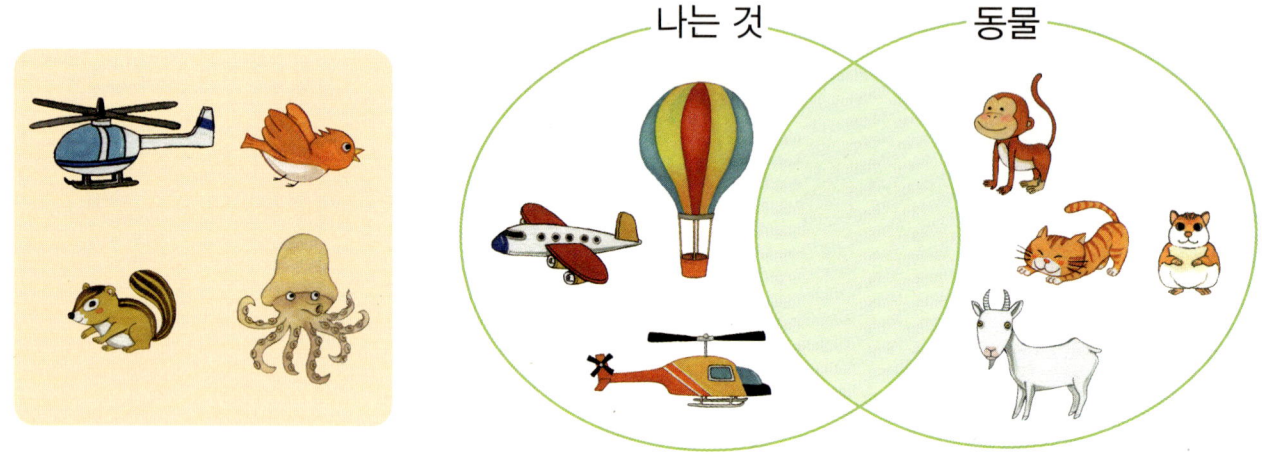

❶ 벤 다이어그램의 세 부분 ①, ②, ③에 들어갈 수 있는 것에 ◯표, 들어갈 수 없는 것에 ✕표 하시오.

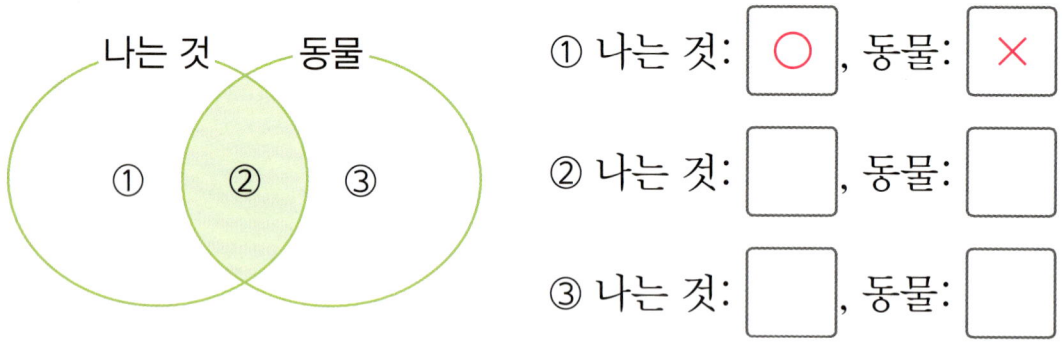

① 나는 것: ◯ , 동물: ✕

② 나는 것: ☐ , 동물: ☐

③ 나는 것: ☐ , 동물: ☐

❷ ❶에서 찾은 ②의 조건을 보고, 색칠한 곳에 들어가는 것에 ◯표 하시오.

하늘도 날고, 동물도 되고~ 뭐가 들어가는지 알겠지?

1 벤 다이어그램을 바르게 그린 꼬마 요괴는 누구입니까?

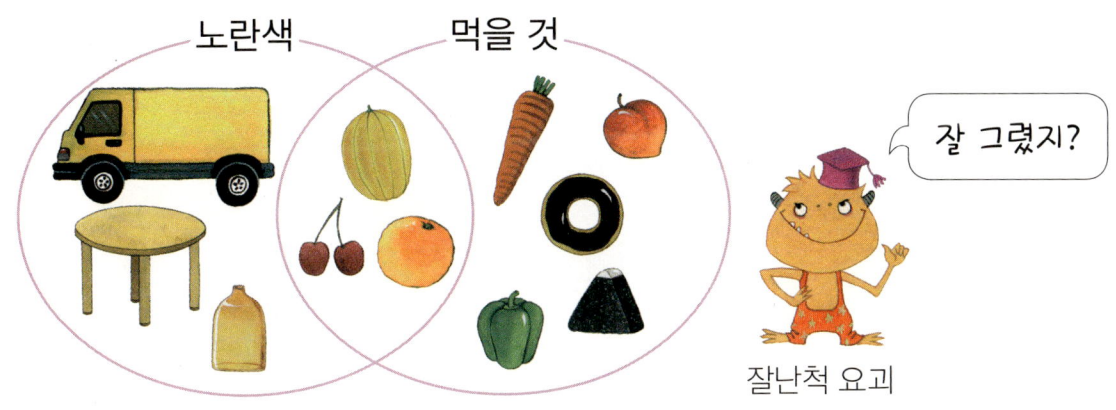

잘 그렸지?

잘난척 요괴

헥헥. 벤 다이어그램 그리기 너무 힘들어.

멍하니 요괴

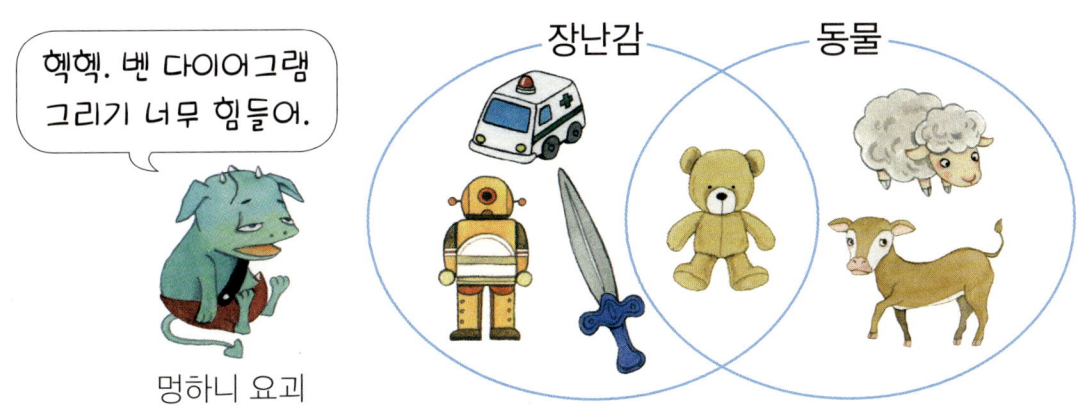

너무 어려워. 잘못 그린 것 같아. 잉잉

울보 요괴

 # 벤 다이어그램 완성하기

벤 다이어그램을 보고 주어진 단어 중 알맞은 것을 ☐ 안에 써넣으시오.

과일
장난감
노란색
빨간색

❶ 오른쪽 벤 다이어그램에서 파란색 동그라미 안에 있는 것의 공통점을 주어진 단어에서 찾아 쓰시오.

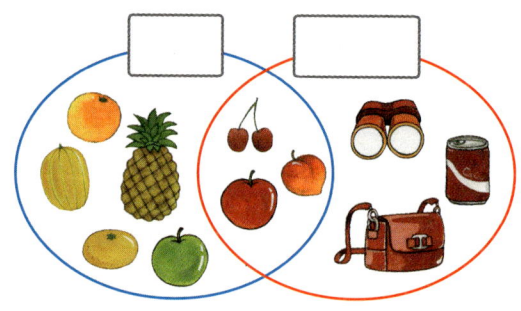

❷ 위의 벤 다이어그램에서 오른쪽 빨간색 동그라미에 있는 것의 공통점을 주어진 단어에서 찾아 쓰시오.

❸ ☐ 안에 알맞은 단어를 써넣어 벤 다이어그램을 완성하시오.

겹쳐진 부분은
노란 과일이니?
빨간 과일이니?

1 주어진 스티커를 사용하여 다음 벤 다이어그램을 완성하시오. (단, 스티커를 모두 사용하지 않아도 됩니다.)

🧰 준비물 물건 스티커

❶ 벤 다이어그램의 빈 곳에 알맞은 스티커를 붙이시오.

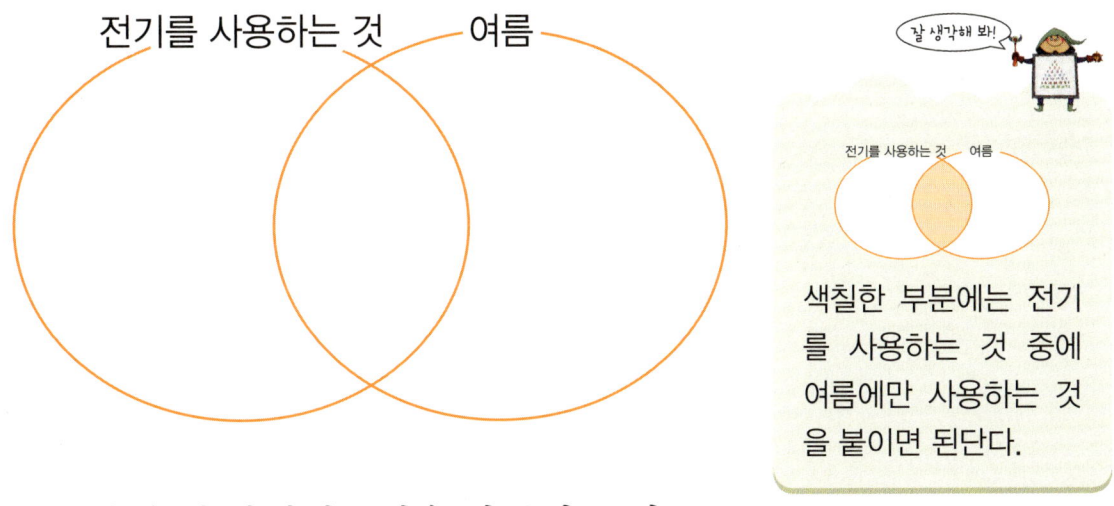

전기를 사용하는 것   여름

> 잘 생각해 봐!
>
> 전기를 사용하는 것   여름
>
> 색칠한 부분에는 전기를 사용하는 것 중에 여름에만 사용하는 것을 붙이면 된단다.

❷ 자신만의 벤 다이어그램을 만들어 보시오.

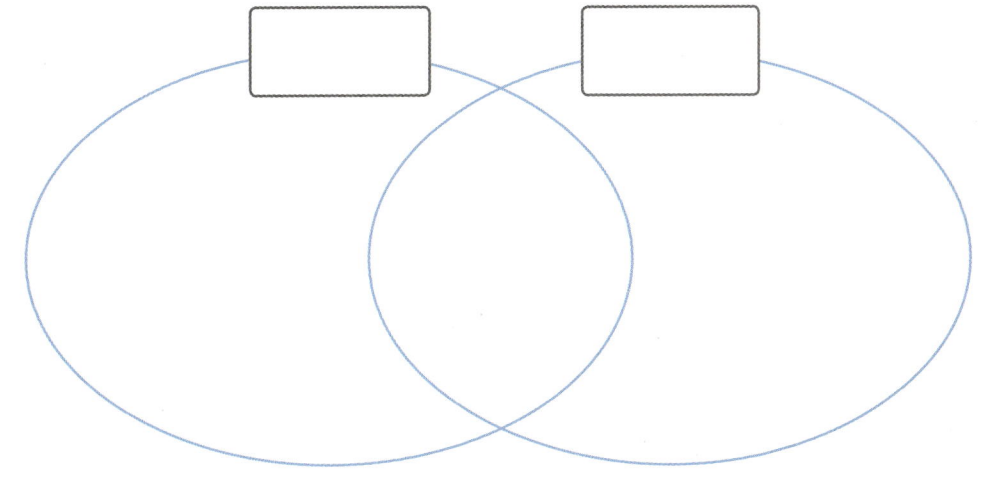

 **매트릭스**

빈칸에 알맞은 사진 스티커를 붙이시오.

 **준비물** 사진 스티커

어떤 사진을 골라야 하는 거지?

각 칸에서 만나는 가로줄과 세로줄에 무엇이 있는지 생각해 봐.

스티커를 사용하여 표의 빈칸을 알맞게 채우시오.

사람 ＼ 풍선		

노크 포인트

속성 매트릭스는 가로, 세로에 속성을 정하고, 가로와 세로가 만나는 곳에 두 가지 속성을 모두 만족하도록 만든 표입니다.

모양 ＼ 색깔	빨간색	파란색
세모	→빨간색 세모	파란색 세모
네모	빨간색 네모	→파란색 네모

➡

모양 ＼ 색깔	빨간색	파란색
세모	▲	▲
네모	■	■

빨간색과 세모가 만나는 칸에 ▲, 파란색과 네모가 만나는 칸에 ■가 들어갑니다.

매트릭스 완성하기

큐리가 다음 매트릭스를 완성하려고 합니다. 빈칸에 알맞은 기호를 쓰시오.

어떤 모양의 컵에 어떤 맛의 우유를 따랐는지 봐야지.

❶ ①에서 만나는 것은 가로와 세로에 있는 것 중 ▯과 ▯입니다. ①에 알맞은 것의 기호를 위 매트릭스의 빈칸에 써넣으시오.

❷ ②, ③에서 만나는 것은 가로와 세로에 있는 것 중 무엇인지 각각 확인하여 위 매트릭스의 빈칸에 알맞은 기호를 써넣으시오.

1 색종이로 만든 모양을 속성에 맞게 나누려고 합니다. 빈칸에 알맞은 기호
를 쓰시오.

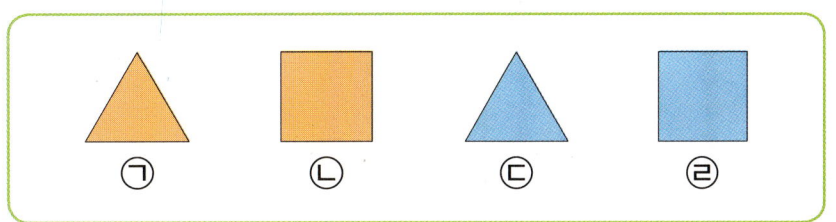

모양 　　색종이		
네모		
세모		

> 이것도 몰라!
>
> 어떤 색 색종이로 어떤 모양을 잘랐는지 잘 봐. 바로 알 수 있지?

[배와 돛]

2 다음 매트릭스에서 잘못 분류된 칸에 ×표 하시오.

매트릭스 속성 찾기

일정한 규칙에 따라 코끼리, 토끼, 새, 기린 젤리를 다음과 같이 놓았습니다. 젤리를 놓은 기준을 찾아 빈칸에 알맞은 말을 쓰고, 스티커를 붙이시오.

색깔 \ 모양				
빨간색				

❶ 아래에서 ☐ 안에 있는 젤리의 공통 색깔을 ①, ☐ 안에 있는 젤리의 공통 색깔을 ②에 쓰시오.

①				
②				

❷ 오른쪽에서 ☐, ☐, ☐ 안에 있는 각 젤리의 공통 모양을 ☐ 안에 붙이시오.

③: ☐   ④: ☐   ⑤: ☐

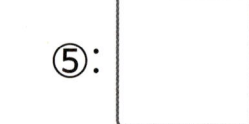

❸ 위 매트릭스를 완성하시오.

[우유 분류하기]

1 태돌이가 다음과 같이 속성에 맞추어 우유를 분류하였습니다. 빈칸에 알맞은 말을 써넣으시오.

포장 \ 우유		딸기 우유	

뚜껑이 없다			

[동물 분류하기]

2 티나는 동물들을 다음과 같이 분류하였습니다. 여우와 금붕어는 ㉠, ㉡, ㉢ 중 어디에 들어가야 하는지 ☐ 안에 알맞은 기호를 써넣으시오.

㉠   ㉡   ㉢

여우야, 금붕어야~ 어디서 사니?

창의적 문제해결력

1 태돌이는 주어진 물건을 기준을 정하여 '뽕뽕'과 '뽕뽕이 아닌 것'으로 나누었습니다. 태돌이와 다른 기준을 정하여 '팡팡'과 '팡팡이 아닌 것'으로 나누어 보시오.

노란색인 것들은 '뽕뽕'이야.

기준	'팡팡'은

2 빈 곳에 들어갈 수 있는 것을 1가지씩 쓰시오.

	우유
바나나	바나나 우유

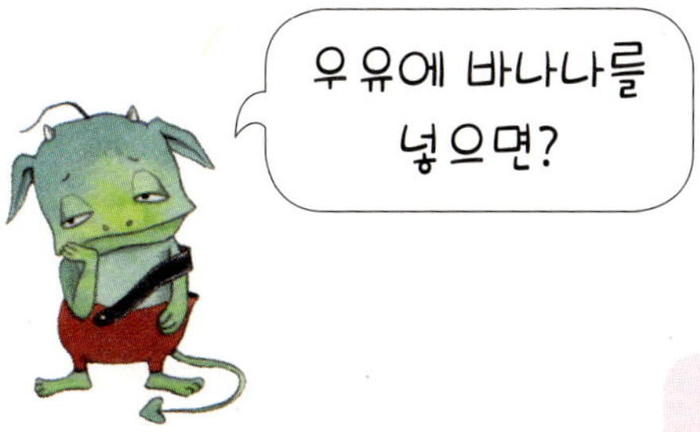

우유에 바나나를 넣으면?

	기계
바다	

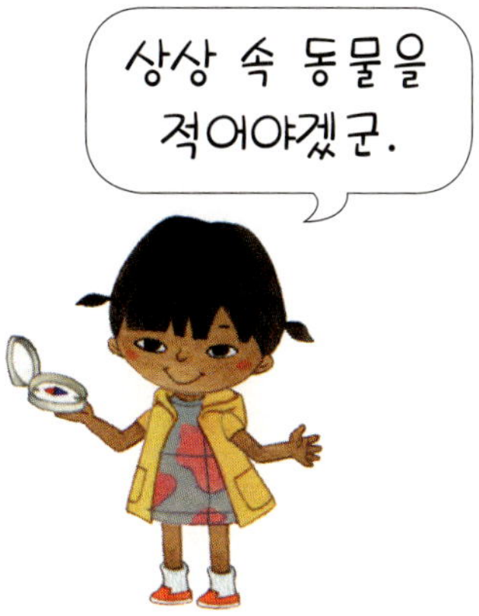

상상 속 동물을 적어야겠군.

	상상
동물	

	과일
공 모양	

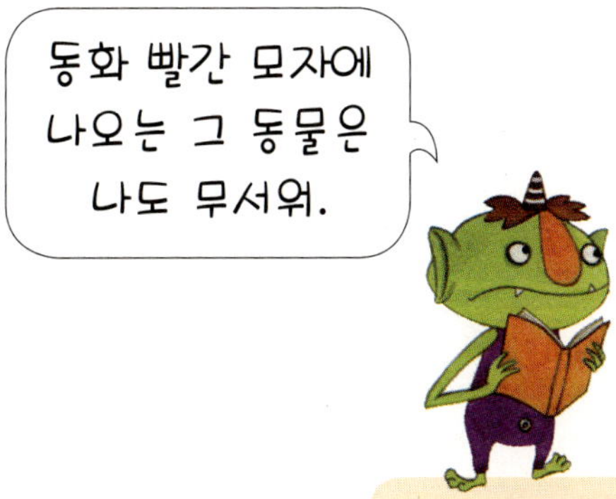

동화 빨간 모자에 나오는 그 동물은 나도 무서워.

	빨간 모자
동물	

Chapter 3

경우와 가능성

 **던지는 경우**

대마법사 멀린이 마법 나라의 동전을 던집니다.

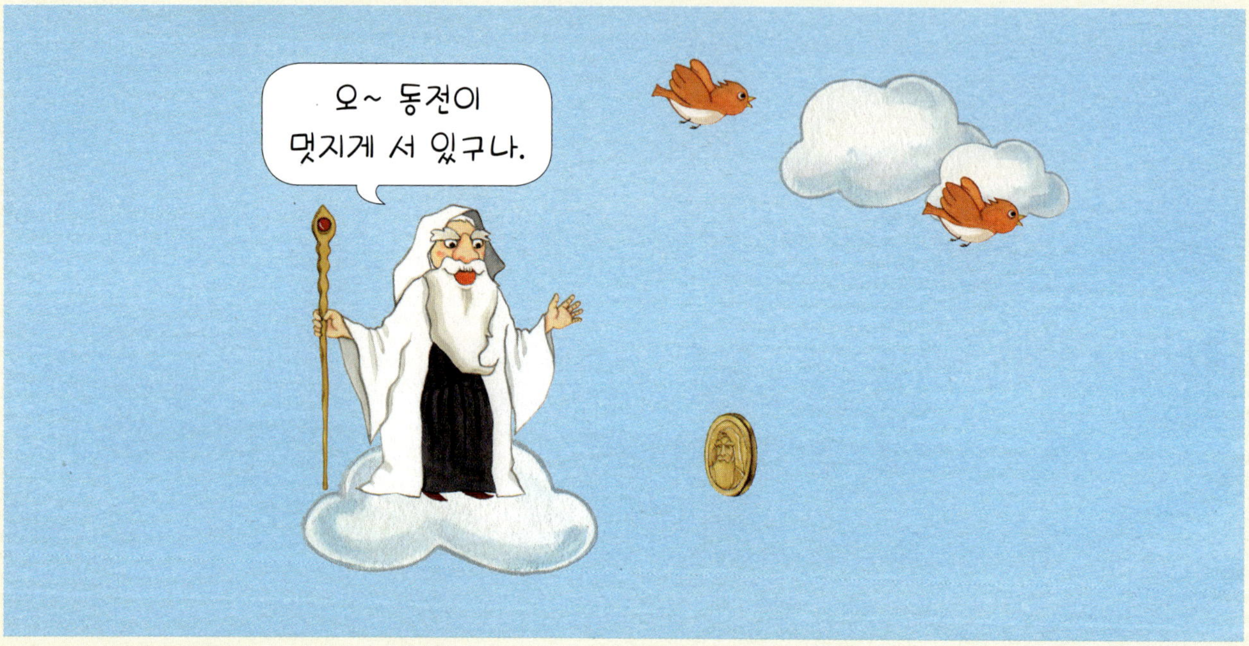

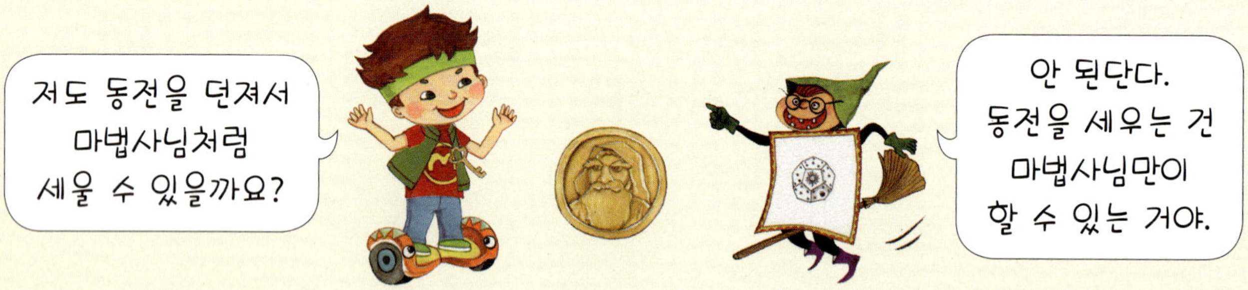

태돌이가 동전을 던졌을 때 나올 수 있는 경우는 모두 몇 가지인지 ☐ 안에 써넣으시오.

 → ☐ 가지

티나와 현우가 딱지를 똑같이 접었습니다. 티나가 딱지를 던져 나올 수 있는 경우는 모두 몇 가지인지 구하시오.

내 딱지를 던지면 앞면, 뒷면이 나와.

내 딱지를 던지면 어떤 경우가 나오지?

 노크 포인트

어떤 일이 벌어질 수 있는 경우의 수를 알 수 있습니다.

① 동전을 던졌을 때

  → 2가지

② 가위바위보

   → 3가지

③ 공 꺼내기

 → 3가지    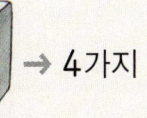 → 4가지   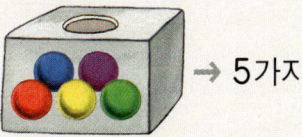 → 5가지

경우의 수를 구할 때는 동전이 선다거나, 상자 속에 없던 공이 생겨나는 등의 일반적이지 않은 경우는 생각하지 않습니다.

공 꺼내기

딴소리 요괴가 상자 안에 손을 넣어 공을 1개 꺼냅니다. 공이 나오는 경우는 모두 몇 가지입니까?

상자에서 어떤 공이 나올까?

❶ 다음 중 딴소리 요괴가 상자에서 꺼낼 수 있는 공에 모두 ◯표 하시오.

이것도 몰라!

상자 안에 없는 공은 당연히 꺼낼 수가 없잖아. 이것도 몰라?

❷ ❶에서 모두 몇 개의 공에 ◯표 하였습니까?

❸ 공이 나오는 경우는 모두 몇 가지인지 쓰시오.

종류가 다른 공 3개가 있다고 했으니까…….

1 주머니에서 공을 1개 꺼낼 때 생기는 경우는 모두 몇 가지인지 ☐ 안에 써 넣으시오.

4 가지

☐ 가지

☐ 가지

☐ 가지

너무 어려워! 앙앙 모르겠어.

주머니 안에 종류가 다른 공이 몇 개 있는지 보렴.

 ## 3가지

태돌이가 다음과 같은 과녁에 1개의 화살을 쏩니다. 태돌이가 얻을 수 있는 점수는 모두 몇 가지입니까?

❶ 다음과 같이 과녁에 화살을 맞혔을 때의 점수를 ☐ 안에 써넣으시오.

☐ 점   ☐ 점   ☐ 점

❷ 태돌이가 얻은 점수는 모두 몇 가지인지 쓰시오.

1 [가위바위보]

현우와 티나가 가위바위보 놀이를 합니다. 티나가 가위바위보 놀이에서 낼 수 있는 손 동작은 모두 몇 가지인지 쓰시오.

2 [회전판]

다음과 같은 회전판을 돌렸을 때 화살표가 가리키는 색깔을 쓰고, 모두 몇 가지인지 ☐ 안에 써넣으시오. (단, 화살표가 2가지 색깔을 가리키는 경우는 생각하지 않습니다.)

빨간색 , ☐ , ☐ ➡ ☐ 가지

과자집에 가는 길

큐리가 숲 속 길을 따라 과자집에 갑니다.

큐리가 길을 따라 과자집에 가는 방법은 모두 몇 가지입니까?

현우가 길을 따라 과자집에 갈 수 있는 방법을 그리시오. 모두 몇 가지 방법이 있습니까?

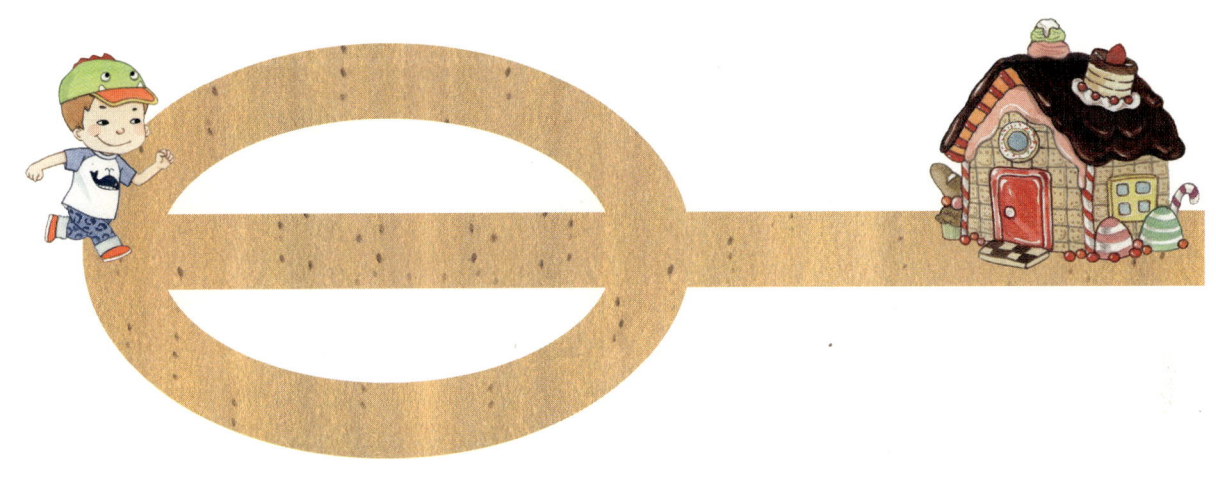

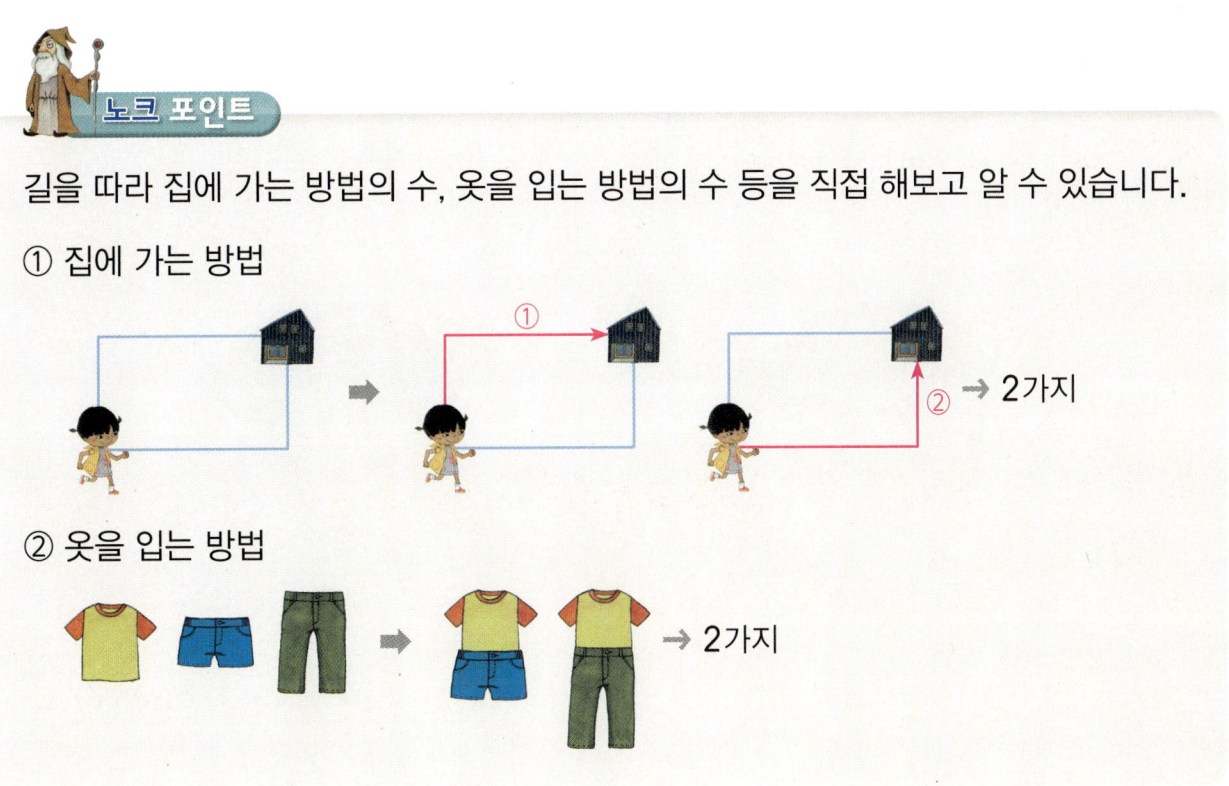

노크 포인트

길을 따라 집에 가는 방법의 수, 옷을 입는 방법의 수 등을 직접 해보고 알 수 있습니다.

① 집에 가는 방법

② 옷을 입는 방법

옷 입히기

태돌이가 형과 놀이터에 가기로 하였습니다. 태돌이는 옷을 꺼내 놓고 어떻게 입고 나갈지 고민하고 있습니다. 스티커를 사용하여 태돌이가 옷을 입는 방법을 나타내어 보시오. 모두 몇 가지입니까?

준비물 옷 스티커

[우비와 장화]

1 티나가 우비를 입고 장화를 신습니다. 입는 방법을 색칠하여 나타내시오.
모두 몇 가지입니까?

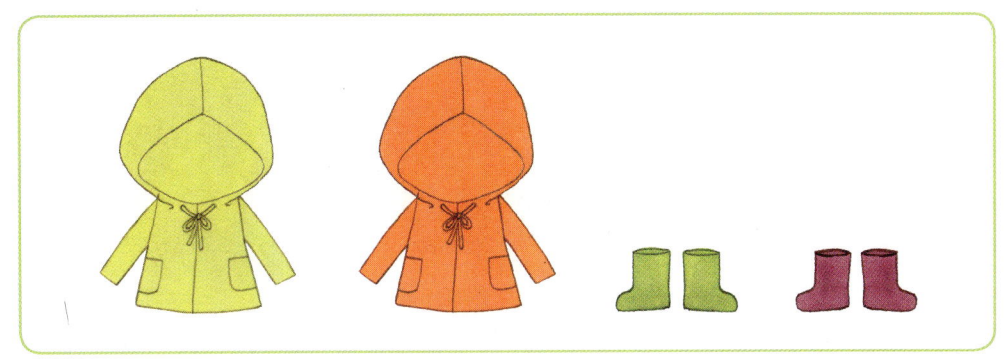

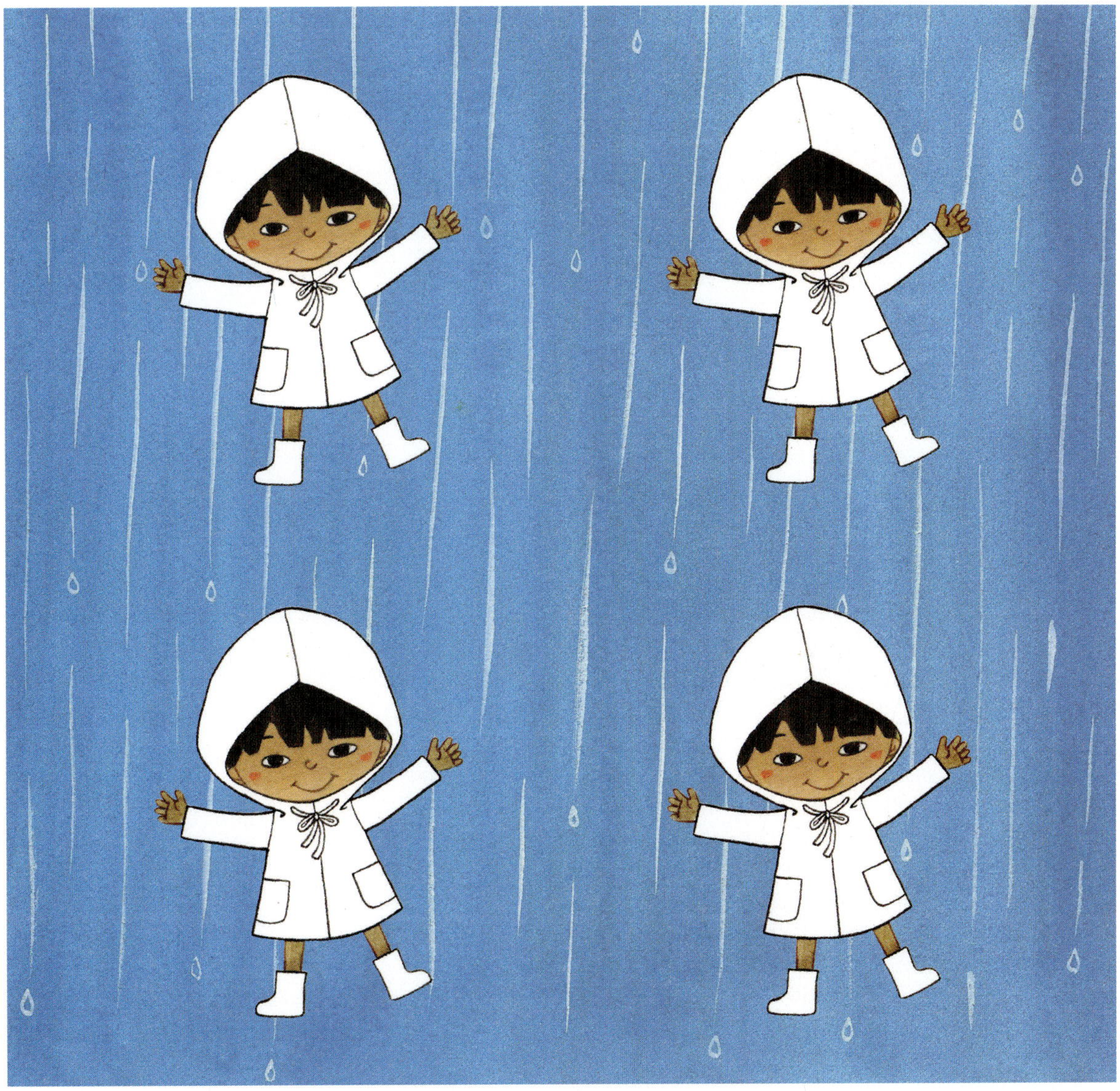

 ## 고르기

대충이 요괴가 자판기의 윗줄에 있는 음료수 중 Ⅰ개, 아랫줄에 있는 음료수 중 Ⅰ개를 고르려고 합니다. 스티커를 사용하여 대충이 요괴가 음료수를 고르는 방법을 나타내시오. 모두 몇 가지입니까?

준비물 음료수 스티커

2개 다 내가 먹을거야.

대충이 요괴

①

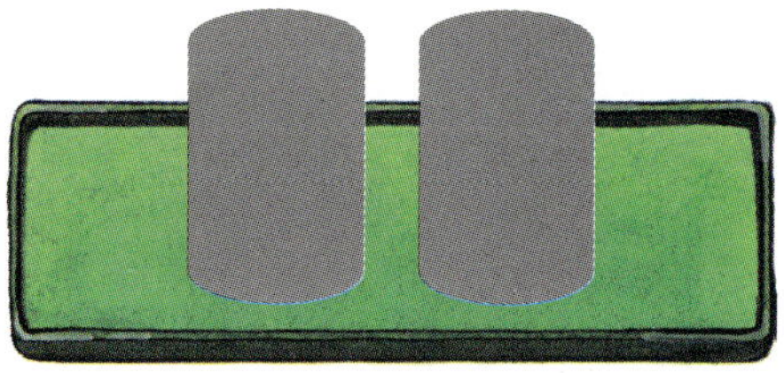

②

③

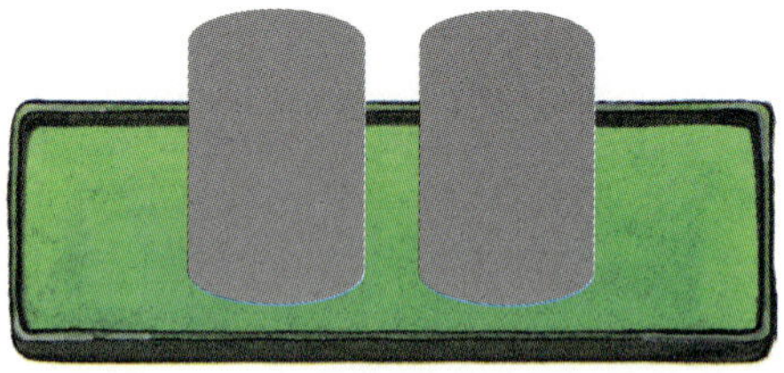

④

저걸 다 먹으면 이가 썩을 텐데.

이것도 몰라!

같은 줄에 있는 음료수는 동시에 고르면 안 돼.

(×)　(×)

1 다음 3개의 빵 중 2개를 고를 수 있습니다. 고르는 빵에 ◯표 하여 방법을 나타내고, 방법은 모두 몇 가지인지 ▢ 안에 써넣으시오.

▢ 가지

[요괴 고르기]

2 대마왕이 3명의 꼬마 요괴 중에서 2명을 골라 심부름을 보내려고 합니다. 2명을 고르는 방법을 모두 찾고, 모두 몇 가지 방법인지 ▢ 안에 써넣으시오.

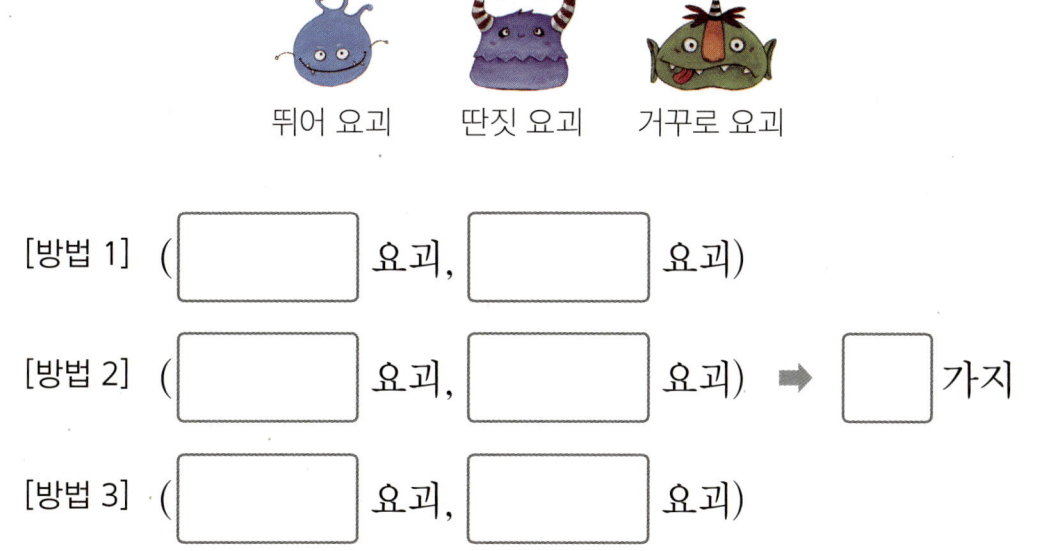

뛰어 요괴   딴짓 요괴   거꾸로 요괴

[방법 1] (▢ 요괴, ▢ 요괴)

[방법 2] (▢ 요괴, ▢ 요괴) ➡ ▢ 가지

[방법 3] (▢ 요괴, ▢ 요괴)

가능성

다음 음식들 중에서 먹고 싶어하는 음식을 골라 먹을 수 있는 꼬마 요괴에 ○표, 먹을 수 없는 꼬마 요괴에 ✕표 하시오.

다음 중 올바른 이야기를 한 사람을 쓰시오.

이 회전판을 둘리면 화살표가 노란색을 가리킬 수도 있고, 가리키지 않을 수도 있지.

이 회전판을 둘리면 화살표는 항상 노란색을 가리킬 거야.

화살표가 회전판에 없는 색을 가리킬 수는 없단다.

현우

큐리

가능성이란 어떤 일이 일어날 수 있는지를 이야기하는 것입니다.

① 1부터 6까지 있는 주사위를 던졌을 때

 이 나올 가능성이 있습니다. 이 나올 가능성은 없습니다.

② 회전판을 돌렸을 때 화살표가 빨간색을 가리킬 가능성이 노란색을 가리킬 가능성보다 더 큽니다.

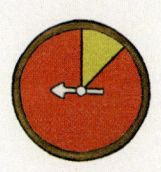 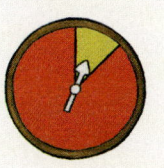

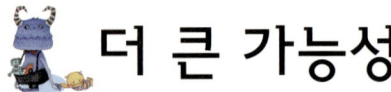 # 더 큰 가능성

12개의 문이 있는 방이 있습니다. 태돌이가 눈을 감고 문을 선택할 때, 빨간색 문과 노란색 문 중 어느 색깔 문을 선택할 가능성이 더 큰지 이야기해 보시오.

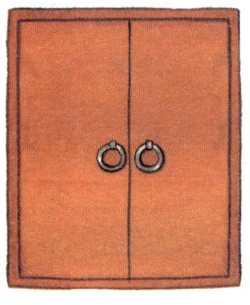 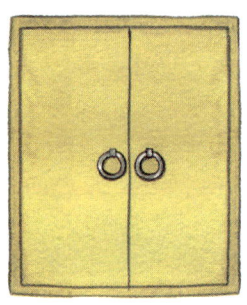  

 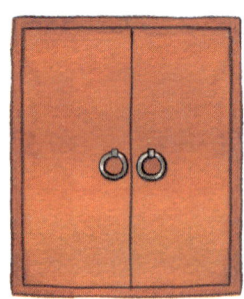  

어떤 문을 선택할까?

1 회전판을 여러 번 돌렸을 때 화살표가 가리킬 가능성이 더 큰 색깔을 ☐ 안에 써넣으시오.

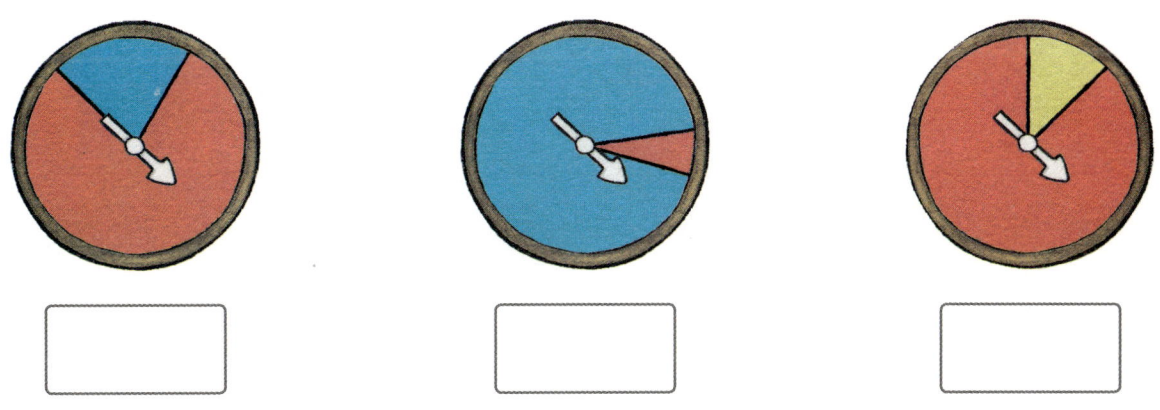

[공 꺼내기]

2 뛰어 요괴가 상자에 손을 넣어 공 l 개를 꺼냅니다. ① 과 ② 중 뛰어 요괴가 꺼낼 가능성이 더 큰 공에 ◯표 하시오.

펄쩍 뛰어 공을 꺼내러 가야지.

이것도 몰라!

보지 않고 꺼내면 당연히 더 많이 있는 공이 나올 가능성이 크지.

가능성이 없는 경우

멍하니 요괴는 회전판을 돌려 화살표가 가리키는 색깔의 구슬을 주머니에서 꺼내어 가질 수 있습니다. 멍하니 요괴가 원하는 색깔의 구슬을 가질 수 있는 가능성을 구하시오.

난 보라색 구슬을 가지고 싶어.

멍하니 요괴

❶ 회전판을 돌려서 화살표가 다음과 같은 색깔을 가리킬 때, 가질 수 있는 구슬을 선으로 이으시오.

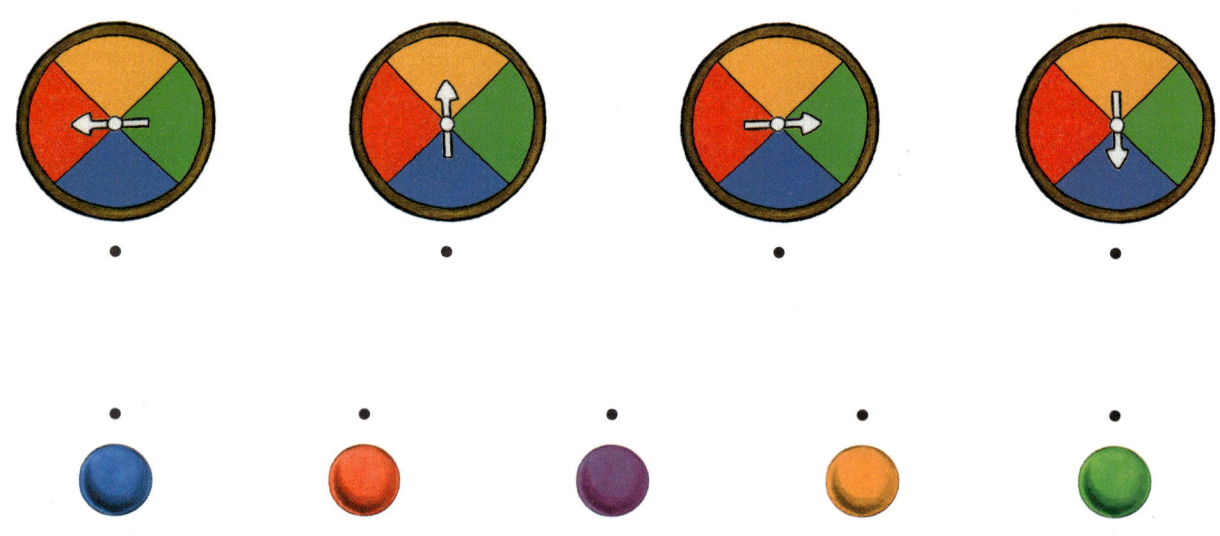

❷ ❶에서 회전판을 돌렸을 때 가질 수 없는 구슬은 무슨 색깔입니까?

❸ 멍하니 요괴가 보라색 구슬을 가질 수 있는 가능성이 있습니까, 없습니까?

1 아이들이 말한 대로 될 가능성이 없는 경우의 기호를 쓰시오.

 # 창의적 문제해결력

1 큐리가 길을 따라 놀이터에 갑니다. 놀이터에 가는 길을 모두 그리고, 몇 가지 방법이 있는지 쓰시오.

2 현우가 투명한 상자 안에서 황금 열쇠를 꺼내면 지옥의 문을 통과할 수 있습니다. 현우가 울고 있는 이유는 무엇인지 이야기해 보시오.

Chapter 4

표와 그래프

무엇이 있나

마녀가 과자와 사탕으로 집을 만들었습니다. 과자집 안에는 다음과 같이 맛있는 간식들이 있습니다.

자~ 들어와서 실컷 먹으렴.
많이 먹으면 이가 썩고,
배가 아프겠지. 낄낄~

다음 중 과자집 안에 있는 간식을 모두 찾아 ◯표 하시오.

다음 중 가방 안에 있는 물건이 아닌 것에 ✕표 하시오.

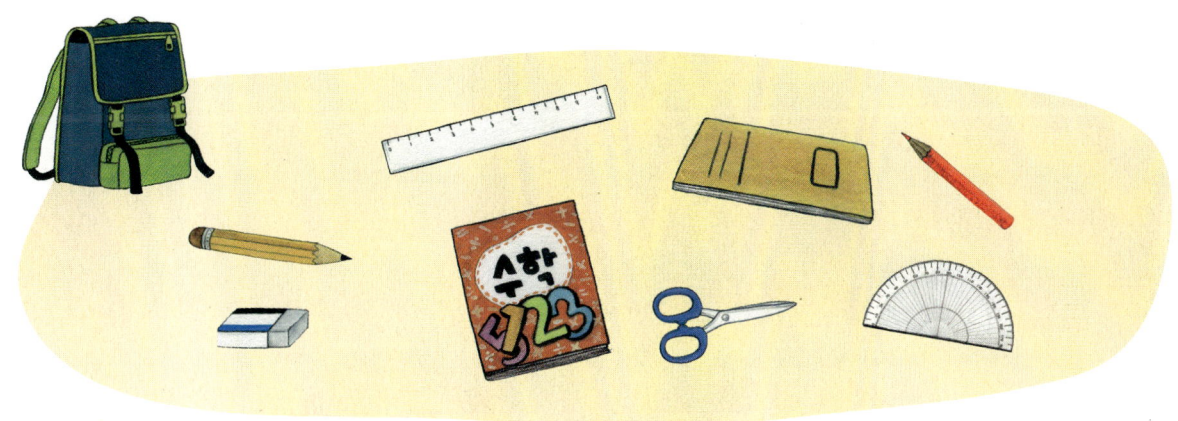

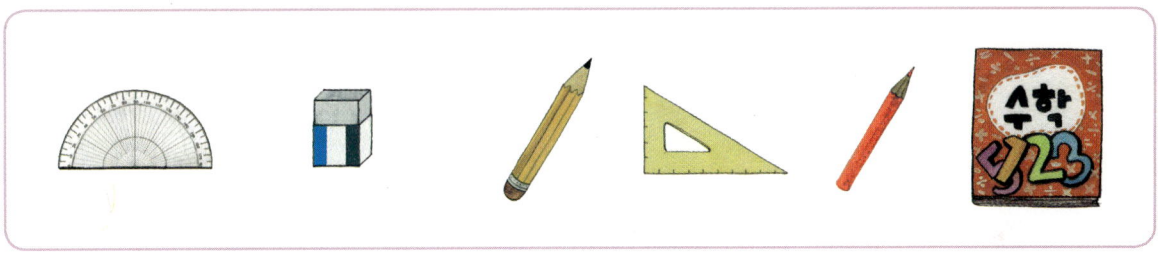

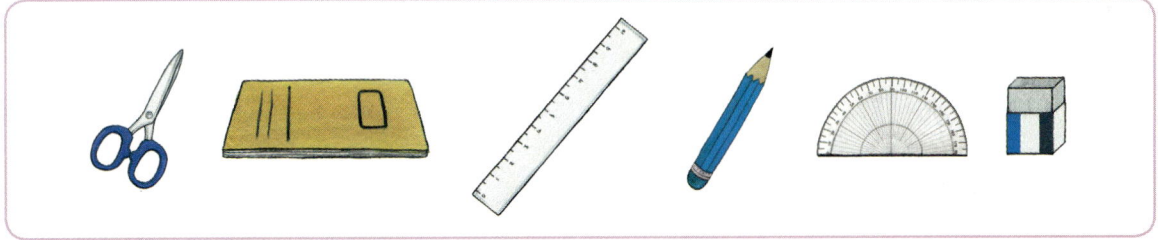

여러 가지 사물이 섞여서 놓여 있는 경우, 사물의 종류와 각 사물의 수를 나누어 셀 수 있어야 합니다.

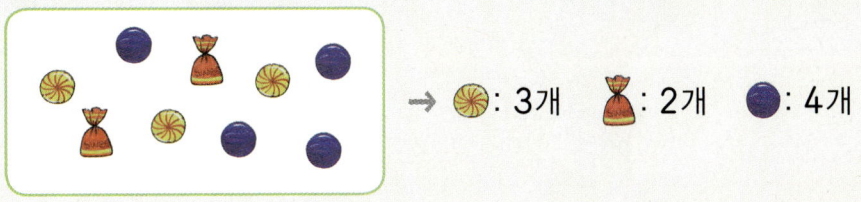

 # 개수 세기

풍선의 수를 세어 ☐ 안에 써넣으시오.

[인형 세어보기]

1 인형을 종류별로 /표 하며 개수를 세어 보고 ☐ 안에 알맞은 수를 써넣으시오.

개수에 맞게

현우가 그림 속 동물의 수를 종류별로 세어 적었습니다. 딴소리 요괴가 동물 몇 마리를 지워버렸습니다. 현우가 센 수에 맞게 동물 스티커를 붙이시오.

준비물 동물 스티커

: 5마리    : 4마리    : 6마리

: 3마리    : 2마리

: 1마리

내가 동물들을 지워버렸어.
너는 싫겠지만 나는
정말 재밌었어. 히히~

1 꼬마 요괴들이 주어진 음식 중에서 좋아하는 음식을 이야기합니다. 관계있는 것끼리 선으로 이으시오.

표로 나타내기

꼬마 요괴들이 빨랫줄에 걸린 옷들을 바닥으로 떨어뜨렸습니다.

내 장난감에 빨래가 걸려 떨어진 거야.

풀짝 뛰는데 빨래에 걸린 것 뿐이야. 히히~

요괴들이 떨어뜨린 옷이 각각 몇 벌씩인지 다음 표의 빈칸에 써넣으시오.

요괴들이 떨어뜨린 옷

3			

요괴들이 떨어뜨린 옷의 수를 적은 표를 보고 다음 물음에 답하시오.

● 떨어뜨린 옷 중 은 모두 몇 벌입니까?

● 떨어뜨린 옷 중 윗도리는 모두 몇 벌입니까?

이 두 옷의 수를 더해야 하는데. 귀찮아. 엉엉~

● 떨어뜨린 옷 중 바지는 모두 몇 벌입니까?

짧은 바지도 있고, 긴 바지도 있는데 어떻게 하지?

노크 포인트

사물의 종류별로 개수를 세어 표로 나타낼 수 있습니다.

🍬 : 3개   🍬 : 2개   🟣 : 4개 →

사탕	🍬	🍬	🟣
개수	3	2	4

표로 나타내면 각 사물의 개수를 한눈에 알아보기 쉽습니다.

 # 표 그리기

쿠키 상자 안에 있는 쿠키의 수를 표로 나타내어 보시오.

먹고 싶다.

쿠키 상자 속 쿠키

쿠키				
개수				

❶ 다음 중 쿠키 상자 속에 들어 있는 쿠키의 종류를 모두 골라 ◯표 하시오.

❷ ❶에서 고른 쿠키 스티커를 위 표의 첫 번째 가로줄에 한 칸에 l 개씩 붙이시오.

❸ 종류별 쿠키의 수를 표의 빈칸에 써넣으시오.

1 상자 안에 여러 가지 단추가 들어 있습니다. 단추의 모양, 색깔, 구멍의 개수에 따라 표를 완성하시오.

구멍의 개수별 단추의 개수

구멍의 개수	2	4
개수	10	

모양별 단추의 개수

모양	●	■	⬭
개수			

색깔별 단추의 개수

색깔	🔴	🟡	🟢	🔵
개수				

 # 표의 이해

사탕의 수를 나타낸 표를 보고 다음 물음에 답하시오.

주머니 속 사탕

사탕					
개수	5	4	1	6	5

❶ 표를 보고 가장 많은 사탕에 ◯표, 가장 적은 사탕에 △표 하시오.

❷ 표를 보고 개수가 서로 같은 사탕에 모두 ◯표 하시오.

이것도 몰라!

사탕의 개수를 2종류씩 비교해 봐.

1 큐리는 같은 반 친구들이 좋아하는 간식을 조사하여 다음과 같이 표로 나타내었습니다.

좋아하는 간식

간식	떡볶이	아이스크림	초콜릿	쿠키	빵
좋아하는 사람 수	4	6			3

❶ 쿠키를 좋아하는 친구는 떡볶이를 좋아하는 친구보다 1명 적습니다. 표의 빈칸에 알맞은 수를 써넣으시오.

❷ 초콜릿을 좋아하는 친구는 빵을 좋아하는 친구보다 2명 많습니다. 표의 빈칸에 알맞은 수를 써넣으시오.

❸ 큐리는 가장 많은 친구들이 좋아하는 간식을 좋아합니다. 큐리가 좋아하는 간식은 무엇입니까?

마법의 약

여기 저기 흩어져 있는 마법의 약을 약통에 정리하시오. 정해진 위치에 맞게 약통의 세로줄에 아래부터 차례로 넣습니다.

준비물 마법의 약 스티커

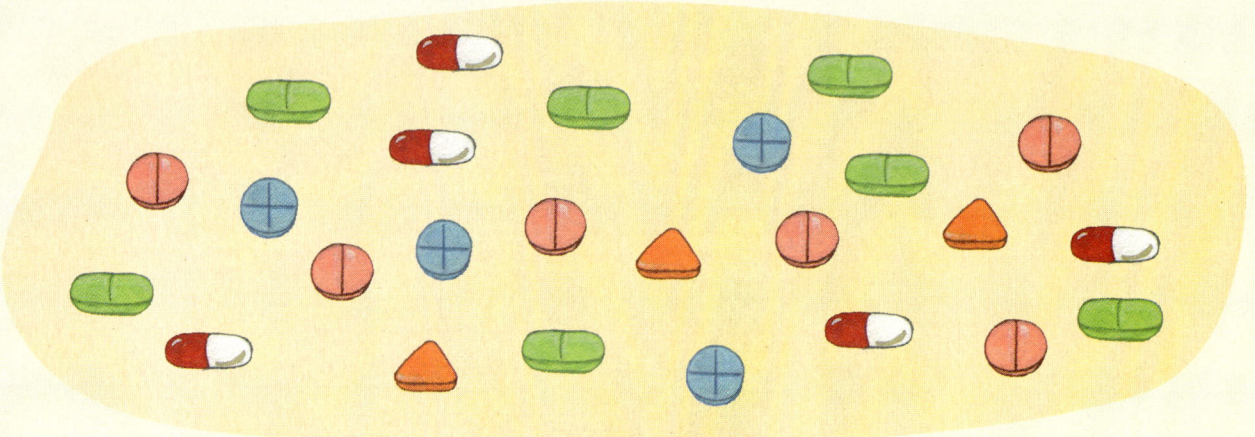

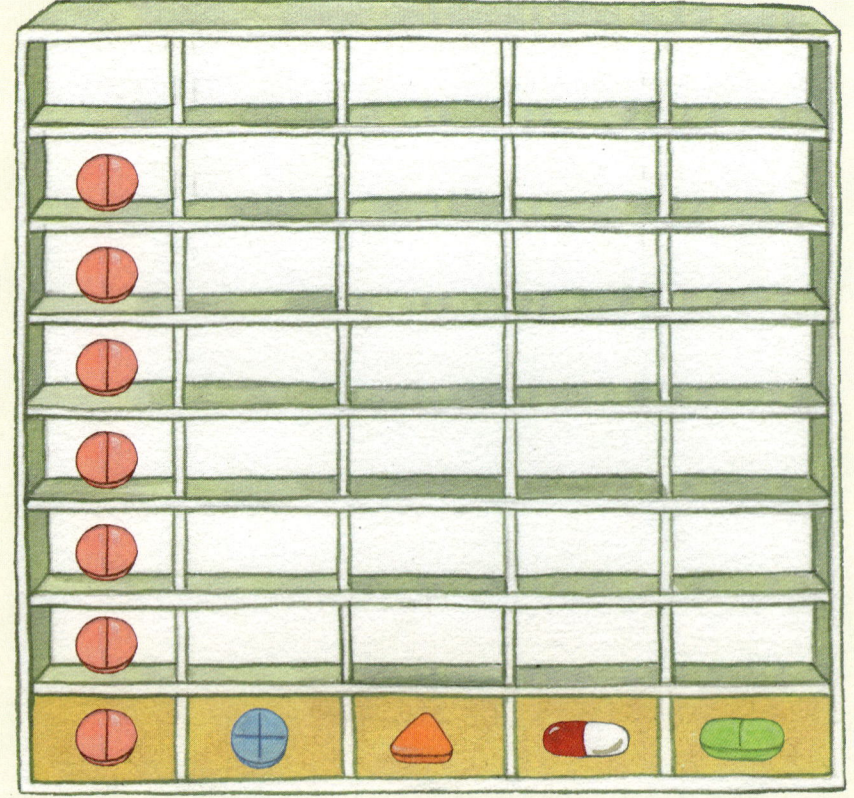

저 마법의 약만 먹으면 공부 안 해도 시험을 잘 볼 수 있을 텐데.

⊙ 마법의 약통을 보고 다음 물음에 답하시오.

● 마법의 약의 종류는 모두 몇 가지입니까?

● 마법의 약의 개수를 종류별로 세어 ☐ 안에 써넣으시오.

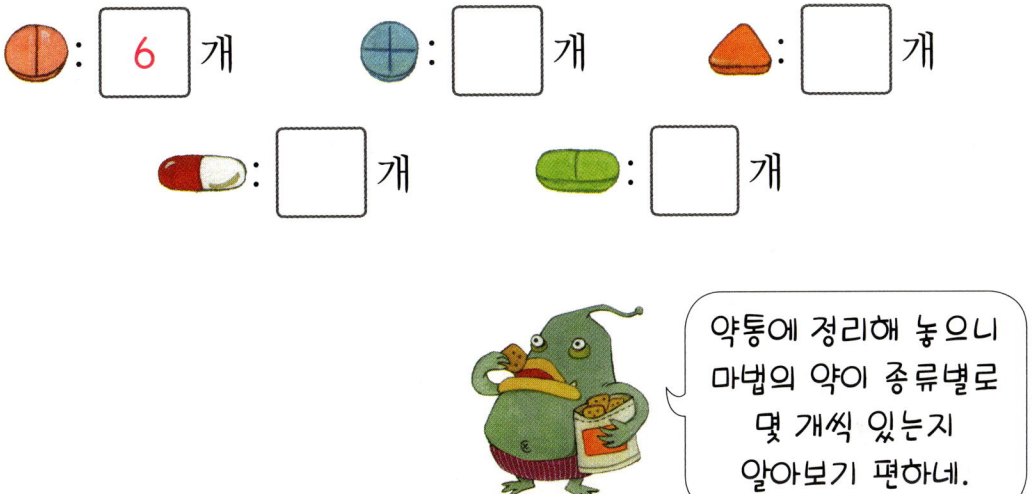

🔴 : 6 개   🔵 : ☐ 개   🔺 : ☐ 개

💊 : ☐ 개   🟢 : ☐ 개

약통에 정리해 놓으니
마법의 약이 종류별로
몇 개씩 있는지
알아보기 편하네.

 노크 포인트

그래프에 각 사물의 개수만큼 ◯표 하거나 칸을 색칠하여 나타냅니다. 각 사물의 많고
적음을 비교하기 편리합니다.

사탕	🍬	🍬	🔵
개수	3	2	4

표

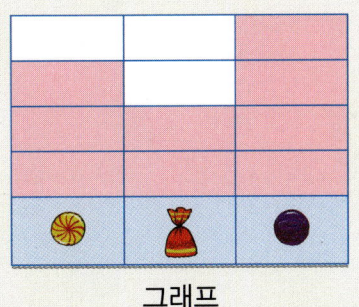

그래프

그래프 그리기

태돌이와 친구들의 이야기를 보고 다음 놀이기구를 좋아하는 친구들의 수를 색칠하여 나타내시오.

좋아하는 놀이기구

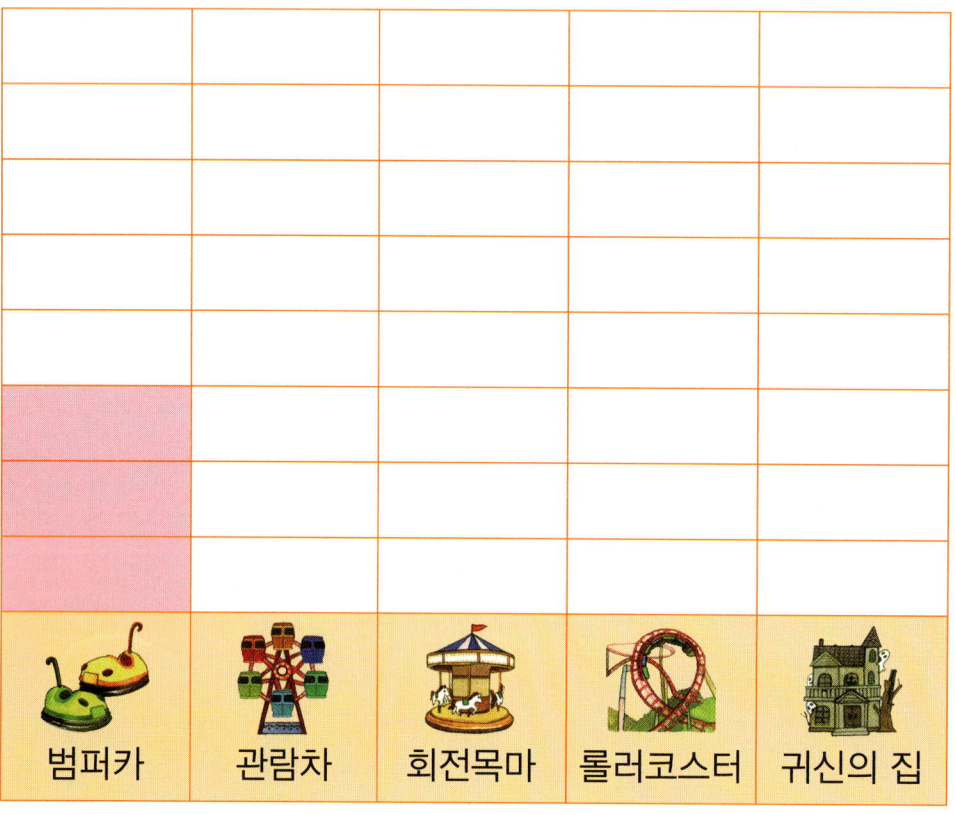

| 범퍼카 | 관람차 | 회전목마 | 롤러코스터 | 귀신의 집 |

범퍼카를 좋아하는 친구는 3명이구나. 관람차를 좋아하는 친구는 1명이야.

친구 3명이 귀신의 집을 좋아해.

회전목마를 좋아하는 친구는 4명이야.

롤러코스터를 좋아하는 친구가 가장 많네. 모두 7명이야.

[공구의 개수]

1 그림을 보고 개수에 맞게 ○표 하고, 카드 요정의 물음에 답하시오.

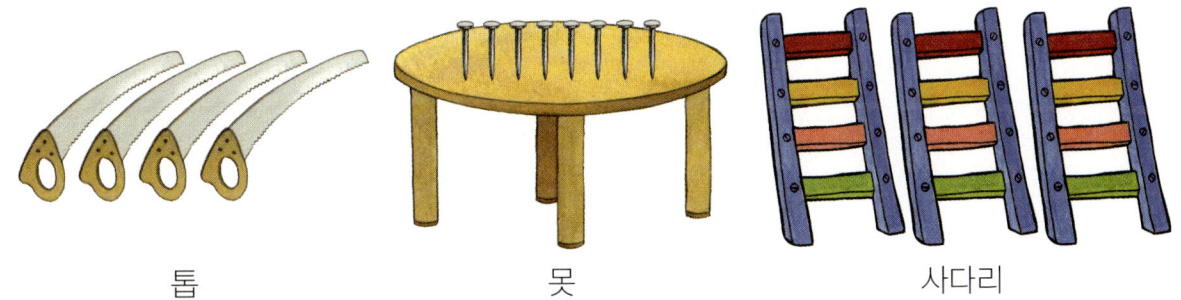

톱　　　　　　　　못　　　　　　　　사다리

공구의 개수

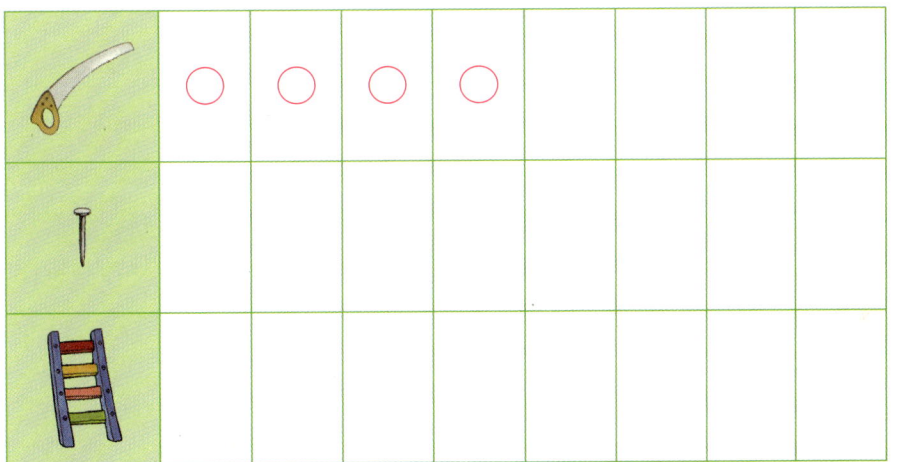

톱, 못, 사다리 중 가장 많은 것은 무엇일까?

사다리와 톱 중 더 많은 것은 무엇일까?

톱, 못, 사다리를 많은 것부터 차례로 써봐.

이것도 몰라!

○표의 수가 많을 수록 개수가 더 많은 거야. 모르고 있었지?

표와 그래프

마법 학교에 다니는 꼬마 요괴들이 대마왕에게 벌점 스티커를 받은 것입니다. 다음을 보고 표로 나타내시오.

벌점 스티커

벌점 스티커

꼬마 요괴					
벌점 스티커 수					

어떻게 하는 거지?

벌점 스티커의 개수를 세어 적으라는 거잖아!

자느라 나쁜 짓을 많이 못했어.

1 다음은 학생들이 태어난 계절을 조사한 것입니다. 조사한 결과를 그래프와
표로 나타내시오.

학생들이 태어난 계절

봄	여름	가을	겨울

학생들이 태어난 계절

태어난 계절	학생 수
봄	2
여름	
가을	
겨울	

이것도 몰라!

/표로 지우면서 수를 세
면 좀 더 꼼꼼하게 셀 수
있다는 사실~ 기억나지?

창의적 문제해결력

1 빵집에서 손님들이 빵을 먹고, 맛을 평가하는 스티커를 붙입니다. 다음을 보고 2가지 표를 완성하시오.

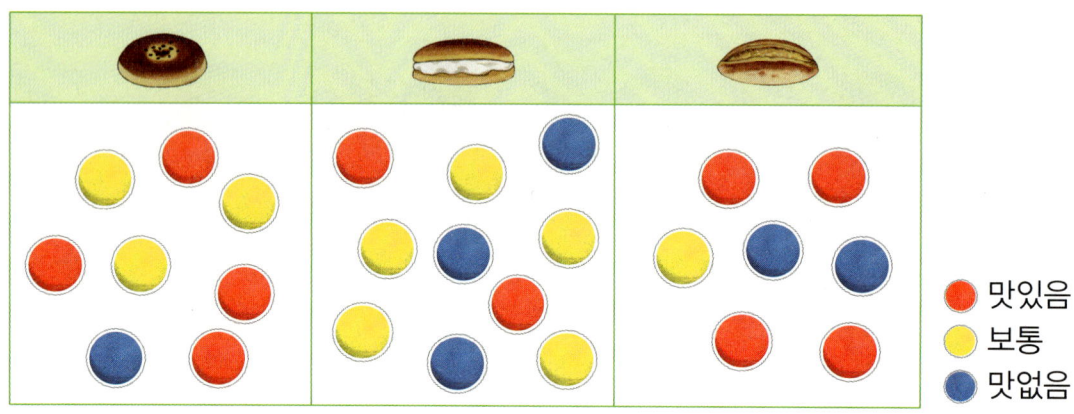

● 맛있음
● 보통
● 맛없음

빵을 먹은 사람

빵			
먹은 사람 수			

각 빵마다 붙은 스티커의 수를 세면 빵을 먹은 사람의 수를 알 수 있어.

맛을 평가한 사람

맛	맛있음	보통	맛없음
평가한 사람 수			

● 스티커의 수를 모두 세어 봐. 맛있다고 평가한 사람의 수를 알겠지.

2 태돌이는 친구들이 좋아하는 동물을 표와 그래프로 나타내었습니다. 장난 요괴가 표와 그래프의 일부를 지워버렸습니다. 태돌이를 도와서 지워진 부분을 다시 나타내어 보시오.

좋아하는 동물

동물	토끼	코끼리	사자	호랑이	기린
좋아하는 사람 수		5	4		

좋아하는 동물

토끼	코끼리	사자	호랑이	기린

기린을 좋아하는 친구들이 코끼리를 좋아하는 친구들보다 4명 적었어.

MEMO

정답및 해설

경우의
수와 통계

PA8

(7~8세)

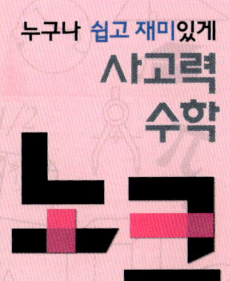

누구나 쉽고 재미있게
사고력
수학

천재교육

누구나 쉽고 재미있게
사고력
수학
노크

정답 및 해설

누구나
쉽고 재미있게

사고력 수학

노크

PA8
(7~8세)

경우의 수와 통계

속성

1 관찰 일기

태돌이가 고양이를 보고 관찰 일기를 썼습니다. 태돌이처럼 관찰 일기를 완성해 보시오.

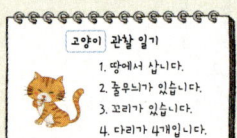

고양이 **관찰 일기**

1. 땅에서 삽니다.
2. 줄무늬가 있습니다.
3. 꼬리가 있습니다.
4. 다리가 4개입니다.

고양이를 관찰해서 쓴 일기야.

예 고래 **관찰 일기**

1. 물에서 삽니다.
2. 꼬리가 있습니다.
3. 지느러미가 있습니다.
4. 다리가 없습니다.

예 치약 **관찰 일기**

1. 칫솔과 같이 씁니다.
2. 욕실에 있습니다.
3. 사용하고 나면 입에서 좋은 냄새가 납니다.

◎ 다음 중 어떤 것에 대한 관찰 일기입니다. 알맞은 것에 ○표 하시오.

관찰 일기

1. 동물입니다.
2. 다리가 없습니다.
3. 초록색입니다.

살아있는 금붕어, 달팽이, 강아지 중 다리가 없는 것은 금붕어와 달팽이, 그중 초록색인 것은 달팽이입니다.

관찰 일기

1. 다리가 4개입니다.
2. 얼룩 무늬가 있습니다.
3. 집에서 키웁니다.

다리가 4개이므로 타조는 제외됩니다. 남은 동물 중 얼룩 무늬가 있고, 집에서 키우는 동물은 강아지입니다.

노크 포인트

속성은 사물의 특징이나 성질을 이야기합니다. 하나의 사물을 보고 여러 가지 속성을 찾을 수 있습니다.

속성 단추	모양	색깔	구멍의 수
●	동그라미	빨간색	2개
⬛	네모	파란색	4개

같은 점, 다른 점

다음 표를 완성하고, 주머니 안 단추들의 같은 점과 다른 점을 찾아 알맞은 말에 ○표 하시오.

단추	◉	●	⬛	⬛	⬛
모양	동그라미	동그라미	네모	네모	네모
색	노란색	초록색	노란색	파란색	빨간색
구멍의 수	4개	2개	4개	2개	2개

같은 점도 있고, 다른 점도 있네.

모양이 (같습니다 .(다릅니다)).
색깔이 (같습니다 .(다릅니다)).
구멍의 수가 ((같습니다), 다릅니다).

모양이 ((같습니다), 다릅니다).
색깔이 (같습니다 .(다릅니다)).
구멍의 수가 (같습니다 .(다릅니다)).

표를 보면서 하면 더 쉽단다.

[같은 점]

1 주어진 것들의 같은 점을 각각 2가지씩 쓰시오.

사과와 감

예
1. 나무에서 열립니다.
2. 가을에 수확합니다.

애호박과 파프리카

예
1. 초록색입니다.
2. 먹을 수 있습니다.

스케이트와 자전거

예
1. 타고 다닙니다.
2. 바퀴가 있습니다.

잠자리와 나비

예
1. 날개가 있습니다.
2. 다리가 6개입니다.

그림 카드

14 · 15

주어진 3장의 카드를 보고 같은 점을 찾아 선으로 이으시오.

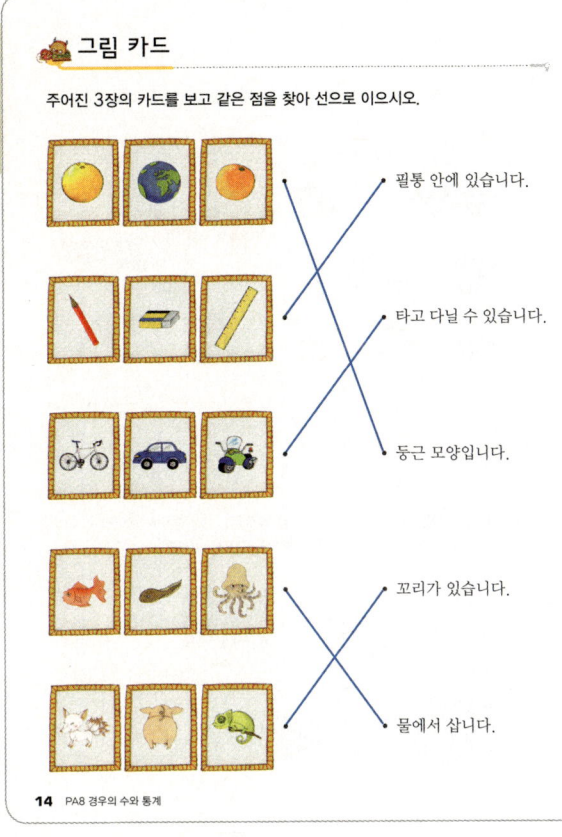

필통 안에 있습니다.

타고 다닐 수 있습니다.

둥근 모양입니다.

꼬리가 있습니다.

물에서 삽니다.

14 PA8 경우의 수와 통계

[알맞은 그림]

1 3장의 카드에 있는 그림은 같은 점이 있습니다. 마지막 카드에 알맞은 그림의 기호를 쓰시오. ㉡

2장의 카드에 있는 그림은 모두 의자입니다. 따라서 의자 그림인 ㉡을 고릅니다.

[다른 카드]

2 다음 4장의 카드 중 공통점이 없는 카드 1장을 골라 ✕표 하시오.

4장의 카드는 모양의 수가 5개라는 공통점이 있습니다.

모양, 색깔, 모양의 수를 하나씩 비교해 보고 있는 거야?

---

② 스티커 그림

16 · 17

주어진 스티커 중 현우와 티나가 원하는 종류의 스티커만을 사용하여 그림을 꾸며 보시오.

준비물 그림 스티커

예 현우의 그림

예 티나의 그림

노란색 스티커만 사용할 거야.

여러 가지 답이 있습니다.

살아있는 것을 나타낸 스티커만 사용할 거야.

16 PA8 경우의 수와 통계

다음 동물들을 기준에 맞게 분류하려고 합니다. 빈칸에 알맞은 동물의 기호를 쓰시오.

뿔이 있는 동물	뿔이 없는 동물
㉡, ㉢, ㉤	㉠, ㉣

노크 포인트

일정한 기준에 의해 모인 사물들의 공통적인 속성을 찾을 수 있습니다.

공통 속성: 다리가 없는 동물

공통 속성: 빨간색

정답 및 해설 **3**

🐾 기준 맞추기

큐리와 오빠 아인이는 장난감을 일정한 기준에 따라 각 상자에 넣어 정리하였습니다. ◻ 안에 정리한 기준을 써넣으시오.

종류별로 상자에 넣었어.

장난감을 보면 기준을 알 수 있지.

동물 장난감

자동차 장난감

비행기 장난감

로봇 장난감

PA8 경우의 수와 통계

[기준]

1 일정한 기준에 따라 분류한 것입니다. 빈 곳에 분류 기준을 써넣으시오.

| 먹을 수 있는 것 | 먹을 수 없는 것 |

날 보면 분류 기준을 바로 알텐데~ 낄낄.

[별 스티커]

2 태돌이는 집에 있는 물건 중 몇 개에 별 스티커를 붙였습니다. 태돌이가 스티커를 붙인 기준을 쓰시오. **예** 나무로 만든 물건

Chapter 1 속성 **19**

🐾 기준에 따라 나누기

다음 8명의 아이들을 두 모둠으로 나누려고 합니다. 기준을 정하여 2가지 방법으로 모둠을 나누어 보시오.

태경 11세　　현우 7세　　아인 11세　　티나 7세

태돌 7세　　지오 11세　　큐리 7세　　초이 11세

[방법 1]

기준: 남자	기준: 여자
태경, 현우, 아인, 태돌	티나, 지오, 큐리, 초이

[방법 2]

예 기준: 11세	기준: 7세
태경, 아인, 지오, 초이	현우, 티나, 태돌, 큐리

여러 가지 답이 있습니다.

PA8 경우의 수와 통계

[바뀌는 기준]

1 현우는 다음과 같이 일정한 기준에 따라 음식을 나누었습니다. 현우와 다른 기준을 정하여 음식을 나누어 보시오.

손따로 음식 스티커

| 빨간 음식 | 빨갛지 않은 음식 |

↓

| **예** 면이 들어간 음식 | 면이 들어가지 않은 음식 |

| **예** 따뜻한 음식 | 따뜻하지 않은 음식 |

여러 가지 답이 있습니다.

Chapter 1 속성 **21**

4　PA8 경우의 수와 통계

③ 차례로 줄 서기

마법 나라의 동물 젤리들이 줄서기를 합니다. 젤리들의 이야기에 맞게 주어진 젤리 스티커를 붙이시오.

모양이 같아요.

색깔이 같아요.

모양이 같아요.

색깔이 같아요.

모양이 같아요.

앞 젤리와 색깔이 같아요.

앞과 뒤의 젤리의 공통점을 찾아야 해.

시작

줄의 앞에 있는 젤리와 같은 점이 한 가지씩 있도록 스티커를 붙이시오.

예

모양 ─ 색 ─ 모양 ─ 색 ─ 모양

여러 가지 답이 있습니다.

토크 포인트

여러 가지 속성을 모두 만족하는 물건을 찾을 때에는 각 속성에 해당하는 물건과 해당하지 않는 물건을 차례로 생각하여 찾습니다.

| 수박 | 오렌지 | 컵 | 딸기 | 배드민턴 공 |

① 먹을 수 있습니다. → 수박, 오렌지, 딸기
② 공 모양입니다. → 수박, 오렌지
③ 초록색입니다. → 수박

조건에 맞는 물건

다음 중 대마왕이 말하는 물건을 찾아 ◯표 하시오.

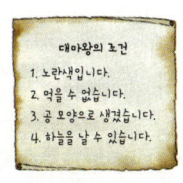

대마왕의 조건
1. 노란색입니다.
2. 먹을 수 있습니다.
3. 공 모양으로 생겼습니다.
4. 하늘을 날 수 있습니다.

왼쪽 조건을 모두 만족하는 물건을 찾아 와!

❶ 노란색이 아닌 물건에 모두 ✕표 하시오.

❷ ❶에서 ✕표 하지 않은 물건 중 먹을 수 없는 것에 △표 하시오.

❸ ❷에서 △표 한 것 중 공 모양으로 생긴 하늘을 날 수 있는 것에 ◯표 하시오.

[기준 만족]

1 두 가지 기준을 모두 만족하는 것의 기호를 쓰시오. ❶ ㅁ , ❷ ㄷ

❶ 다리가 4개입니다. 등에 혹이 있습니다.

❷ 다리가 없습니다. 속에 팥이 있습니다.

[조건에 맞는 것]

2 마법사 멀린의 질문을 보고, 질문을 만족하는 것을 3가지 쓰시오. 예 사과, 감, 체리

이건 매울 수 있고, 나무에서 열리고, 빨간색이지.

응…… 빨간색 과일?

딸기랑 토마토는 나무에서 열리는 게 아니란다.

여러 가지 답이 있습니다.

🐌 질문하고 찾아내기

다음 대화를 보고 현우가 생각하고 있는 것에 ◯표 하시오.

큐리의 질문과 현우의 대답을 보면 현우가 생각하고 있는 것은 살아있는 것 중 뿔은 없고, 무늬는 있는 것임을 알 수 있습니다.

[대화 완성]

1 티나와 딴소리 요괴가 질문 놀이를 하고 있습니다. 티나가 주어진 것 중 카멜레온을 생각하고 있을 때, 딴소리 요괴가 질문을 통해 찾을 수 있도록 대화를 완성하시오.

딴소리 요괴가 마지막 질문에서 고래와 카멜레온 중 티나가 생각하고 있는 것을 정확하게 알 수 있는 질문을 하면 예시 답안과 달라도 정답입니다.

🐱 창의적 문제해결력

1 손전등과 초의 공통점과 차이점을 가능한 많이 쓰시오.

	예
공통점	어두울 때 사용합니다. 둥근 기둥 모양입니다. 보라색입니다.
차이점	초는 불을 키면 뜨겁지만 손전등은 뜨겁지 않습니다. 초를 사용하면 모양이 바뀌지만 손전등은 모양이 바뀌지 않습니다.

손전등이랑 초가 공통점이 있어요?

모양도 보고, 언제 사용하는 물건인지도 생각해 보렴.

🎬 동영상 특강
QR 코드를 찍어 보세요!!!

2 티나가 가장 빠른 길로 미로를 통과합니다. 미로를 통과하며 만난 동물들의 공통점을 쓰시오. 예 다리가 4개입니다.

출발!

도착

6　PA8 경우의 수와 통계

④ 뿌뿌

대마왕이 명령을 내립니다. '뿌뿌'를 모두 찾아 ◯표 하시오.

자신만의 '치치', '무무'의 특징을 정하고 특징에 맞는 스티커를 모두 찾아 붙이시오. (단, 스티커를 모두 사용하지 않아도 됩니다.)

예 [치치] 밀가루로 만든 음식   예 [무무] 바다에서 얻는 것

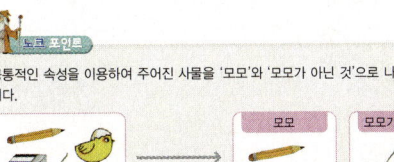

노트 포인트
공통적인 속성을 이용하여 주어진 사물을 '모모'와 '모모가 아닌 것'으로 나눌 수 있습니다.

모모는 필통 안에 있는 물건

모모 | 모모가 아닌 것

파파는 무엇일까요?

태돌이는 다음과 같이 '파파'와 '파파가 아닌 것'을 말하였습니다. '파파'는 무엇입니까? 육식 동물입니다.

파파입니다. | 파파가 아닙니다.

❶ 다음 중 '파파'의 공통점이 될 수 있는 것의 기호를 모두 쓰시오.
ㄱ, ㄴ, ㄹ

ㄱ 동물원에서 볼 수 있습니다.
ㄴ 다리가 4개입니다.
ㄷ 무늬가 있습니다.
ㄹ 육식 동물입니다.

❷ ❶에서 고른 공통점에서 '파파가 아닌 것'의 공통점을 모두 고르시오.
ㄱ, ㄴ

❸ '파파'는 '파파가 아닌 것'에서 찾을 수 없는 공통점이 있어야 합니다. '파파'는 무엇인지 쓰시오.

1 [모모]
다음을 보고 물음에 답하시오.

포포입니다. | 포포가 아닙니다.

❶ 큐리와 티나가 '포포'가 무엇인지 이야기합니다. 바르게 이야기한 사람은 누구입니까? 티나

'포포'는 가운데 볼 수 있는 것들이야.

'포포'는 초록색인 것들이야.

큐리   티나

❷ 다음 중 '포포'인 것에 모두 ◯표 하시오.

정답 및 해설 **7**

🐗 빵빵, 뿡뿡

현우는 '빵빵'을 다음과 같이 정했습니다. 다음 중 '빵빵'인 것을 찾아 ☐ 안에 '빵빵'을 쓰시오.

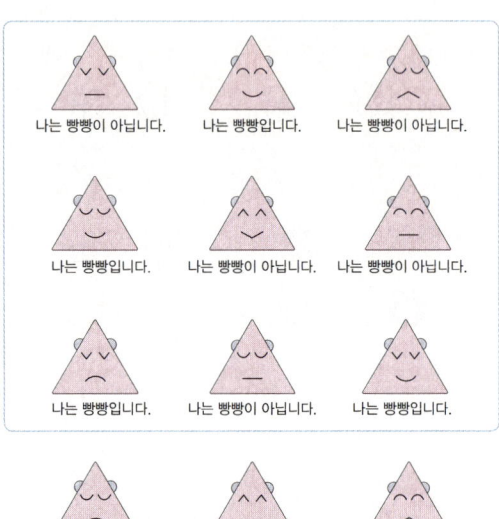

나는 빵빵이 아닙니다.　　나는 빵빵입니다.　　나는 빵빵이 아닙니다.

나는 빵빵입니다.　　나는 빵빵이 아닙니다.　　나는 빵빵이 아닙니다.

나는 빵빵입니다.　　나는 빵빵이 아닙니다.　　나는 빵빵입니다.

 빵빵

'빵빵'은 눈의 모양과는 관계가 없습니다. 입의 모양이 곡선인 경우가 '빵빵'이고, 곧은 선이거나 꺾인 선인 경우 '빵빵'이 아닙니다. 따라서 주어진 세 그림 중 입이 곡선인 첫 번째 그림이 '빵빵'입니다.

[뿡뿡]

1 한입 요괴가 다음과 같이 '뿡뿡'을 정하였습니다.

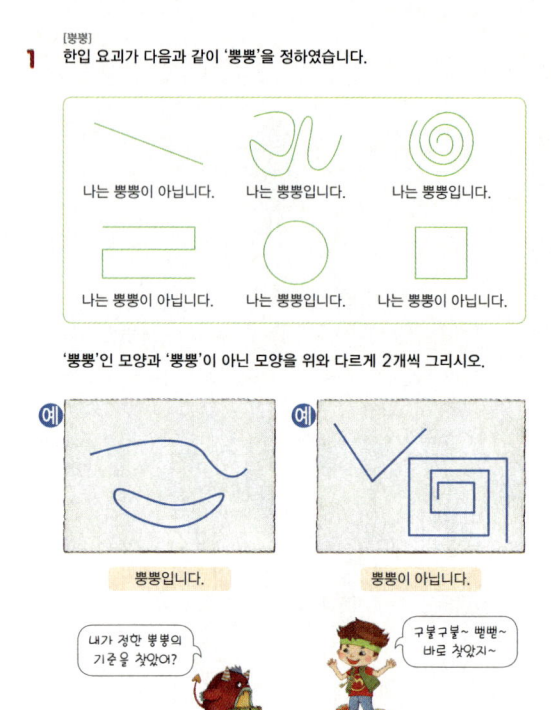

나는 뿡뿡이 아닙니다.　　나는 뿡뿡입니다.　　나는 뿡뿡입니다.

나는 뿡뿡이 아닙니다.　　나는 뿡뿡입니다.　　나는 뿡뿡이 아닙니다.

'뿡뿡'인 모양과 '뿡뿡'이 아닌 모양을 위와 다르게 2개씩 그리시오.

예　　　　　　　예

뿡뿡입니다.　　　　　　뿡뿡이 아닙니다.

내가 정한 뿡뿡의 기준을 찾았어?

구불구불~ 뿡뿡~ 바로 찾았지~

---

5 나는 어디?

친구들이 운동장에서 자신의 특징에 따라 동그라미 안에 들어갑니다.

우린 모자를 썼으니까 여기.

강혁

가연

지우

안경 쓴 티나와 나는 여기~

큐리

난 안경도 쓰고, 모자도 썼는데 어디로 들어가야 하지?

정환

모자 쓴 사람

티나

안경 쓴 사람

위와 같이 동그라미가 그려진 경우에는 안경과 모자를 모두 쓴 정환이는 들어갈 곳이 없습니다. 동그라미 2개를 어떻게 그리면 정환이가 들어갈 곳이 생기는지 이야기해 보시오. **예** 동그라미 2개를 겹쳐서 그립니다. 겹쳐진 곳에 정환이가 있으면 됩니다.

친구들이 운동장에 다음과 같이 동그라미를 다시 그렸습니다. 얼굴 스티커를 알맞은 곳에 붙이시오. 얼굴 스티커

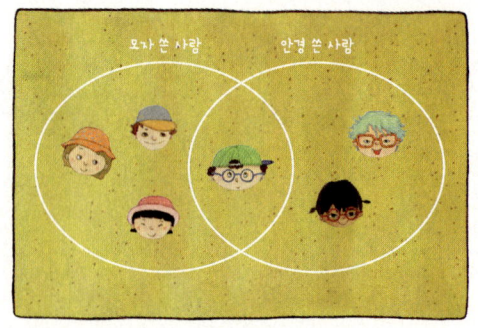

모자 쓴 사람　　　안경 쓴 사람

도표 포인트

다음과 같이 포함 관계를 나타내는 그림을 벤 다이어그램이라고 합니다.

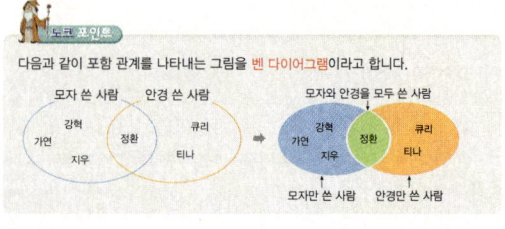

모자 쓴 사람　　안경 쓴 사람　　　　모자와 안경을 모두 쓴 사람

강혁　　　　큐리　　　　　　　강혁
가연　정환　　　　　　⇨　　가연　정환　큐리
지우　　　티나　　　　　　　　지우　　　티나

모자만 쓴 사람　　안경만 쓴 사람

🐹 벤 다이어그램

현우는 나는 것과 동물들을 모아서 벤 다이어그램으로 나타내었습니다. 다음 중 색칠한 곳에 들어가는 것에 ○표 하시오.

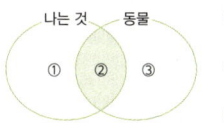

❶ 벤 다이어그램의 세 부분 ①, ②, ③에 들어갈 수 있는 것에 ○표, 들어갈 수 없는 것에 ✕표 하시오.

① 나는 것: ○ , 동물: ✕

② 나는 것: ○ , 동물: ○

③ 나는 것: ✕ , 동물: ○

① 하늘을 날고, 동물은 아닌 것 ② 하늘을 날고 동물인 것 ③ 하늘을 날지 않는 동물

❷ ❶에서 찾은 ②의 조건을 보고, 색칠한 곳에 들어가는 것에 ○표 하시오.
하늘을 나는 동물인 새를 찾아 ○표 합니다.

하늘도 날고, 동물도 되고~ 뭐가 들어가는지 알겠지?

[벤 다이어그램]

1 벤 다이어그램을 바르게 그린 꼬마 요괴는 누구입니까? **멍하니 요괴**

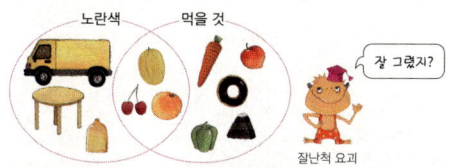

잘 그렸지?

잘난척 요괴

벤 다이어그램의 가운데에는 노란색 먹을 것이 들어가야 하는데 빨간색 체리가 잘못 들어갔습니다.

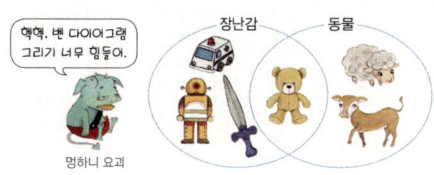

헤헥, 벤 다이어그램 그리기 너무 힘들어.

멍하니 요괴

너무 어려워. 잘못 그린 것 같아. 잉잉

울보 요괴

벤 다이어그램의 가운데에는 오렌지나 사과, 수박처럼 공 모양의 과일이 들어가야 하는데 파인애플은 공 모양이 아닙니다.

🐿️ 벤 다이어그램 완성하기

벤 다이어그램을 보고 주어진 단어 중 알맞은 것을 ☐ 안에 써넣으시오.

과일
장난감
노란색
빨간색

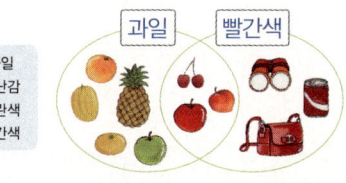

❶ 오른쪽 벤 다이어그램에서 파란색 동그라미 안에 있는 것의 공통점을 주어진 단어에서 찾아 쓰시오. **과일**

❷ 위의 벤 다이어그램에서 오른쪽 빨간색 동그라미에 있는 것의 공통점을 주어진 단어에서 찾아 쓰시오. **빨간색**

❸ ☐ 안에 알맞은 단어를 써넣어 벤 다이어그램을 완성하시오.

겹쳐진 부분은 노란 과일이니? 빨간 과일이니?

[벤 다이어그램]

1 주어진 스티커를 사용하여 다음 벤 다이어그램을 완성하시오. (단, 스티커를 모두 사용하지 않아도 됩니다.)

🧩 준비물 물건 스티커

❶ 벤 다이어그램의 빈 곳에 알맞은 스티커를 붙이시오.

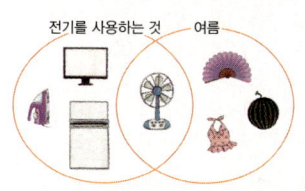 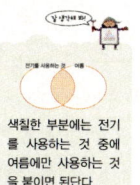

색칠한 부분에는 전기를 사용하는 것 중에 여름에만 사용하는 것을 붙이면 된다.

❷ 자신만의 벤 다이어그램을 만들어 보시오.

정답 및 해설 **9**

6 매트릭스

빈칸에 알맞은 사진 스티커를 붙이시오.　준비물 사진 스티커

각 사진이 놓인 칸의 가로줄과 세로줄에 놓인 개체가 들어가야 합니다. 따라서 강아지와 관람차가 놓인 가로, 세로가 만나는 칸은 강아지와 관람차가 모두 들어 있는 사진을 붙입니다.

스티커를 사용하여 표의 빈칸을 알맞게 채우시오.　준비물 사람, 풍선 스티커

누크 포인트

속성 매트릭스는 가로, 세로에 속성을 정하고, 가로와 세로가 만나는 곳에 두 가지 속성을 모두 만족하도록 만든 표입니다.

모양＼색깔	빨간색	파란색
세모	→빨간색 세모	파란색 세모
네모	→빨간색 네모	→파란색 네모

모양＼색깔	빨간색	파란색
세모	▲	▲
네모	■	■

빨간색과 세모가 만나는 칸에 ▲, 파란색과 네모가 만나는 칸에 ■가 들어갑니다.

매트릭스 완성하기

큐리가 다음 매트릭스를 완성하려고 합니다. 빈칸에 알맞은 기호를 쓰시오.

어떤 모양의 컵에 어떤 맛의 우유를 따랐는지 봐야지.

❶ ㉠에서 만나는 것은 가로와 세로에 있는 것 중 🥛과 🍼입니다. ㉠에 알맞은 것의 기호를 위 매트릭스의 빈칸에 써넣으시오.

㉠에서 🥛과 🍼이 만났으므로 ㉠에는 🥛(ⓒ)이 들어갑니다.

❷ ②, ③에서 만나는 것은 가로와 세로에 있는 것 중 무엇인지 각각 확인하여 위 매트릭스의 빈칸에 알맞은 기호를 써넣으시오.

②에서 🥛과 🍼이 만났으므로 ②에는 🥛(②), ③에서 🥛과 🍼이 만났으므로 ③에는 🥛(⑭)이 들어갑니다.

[색종이 모양]

1 색종이로 만든 모양을 속성에 맞게 나누려고 합니다. 빈칸에 알맞은 기호를 쓰시오.

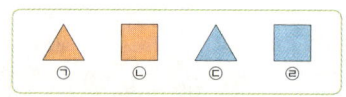

㉠　㉡　㉢　㉣

색종이＼모양		
네모	㉡	㉣
세모	㉠	㉢

어떤 색 색종이로 어떤 모양을 잘랐는지 잘 봐. 바로 알 수 있지?

[배와 돛]

2 다음 매트릭스에서 잘못 분류된 칸에 ×표 하시오.

흰 돛과 하얀 배가 만나는 곳이므로 이 칸에는 다음과 같은 배가 들어가야 합니다.

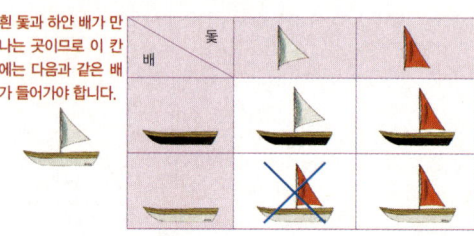

매트릭스 속성 찾기

일정한 규칙에 따라 코끼리, 토끼, 새, 기린 젤리를 다음과 같이 놓았습니다. 젤리를 놓은 기준을 찾아 빈칸에 알맞은 말을 쓰고, 스티커를 붙이시오.

준비물 속성 스티커

색깔＼모양				
빨간색				
노란색				
연두색				

❶ 아래에서 ⬜ 안에 있는 젤리의 공통 색깔을 ①, ⬜ 안에 있는 젤리의 공통 색깔을 ②에 쓰시오.

| ① 노란색 | | | | |
| ② 연두색 | | | | |

❷ 오른쪽에서 ⬜, ⬜, ⬜ 안에 있는 각 젤리의 공통 모양을 ⬜ 안에 붙이시오.

③: ④: ⑤:

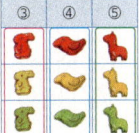

❸ 위 매트릭스를 완성하시오.

48 PA8 경우의 수와 통계

[우유 분류하기]

1 태돌이가 다음과 같이 속성에 맞추어 우유를 분류하였습니다. 빈칸에 알맞은 말을 써넣으시오.

포장＼우유	바나나 우유	딸기 우유	초코 우유
뚜껑이 있다			
뚜껑이 없다			

[동물 분류하기]

2 티나는 동물들을 다음과 같이 분류하였습니다. 여우와 금붕어는 ㉠, ㉡, ㉢ 중 어디에 들어가야 하는지 ⬜ 안에 알맞은 기호를 써넣으시오.

㉠   ㉡   ㉢

여우야, 금붕어야~ 어디서 사니?

티나는 동물을 땅에서 사는 동물, 하늘을 나는 동물, 물에서 사는 동물로 나누었습니다. 따라서 여우는 땅에서 사는 동물, 금붕어는 물에서 사는 동물에 들어가야 합니다.

Chapter 2 속성과 분류 49

🧒 창의적 문제해결력

1 태돌이는 주어진 물건을 기준을 정하여 '뿅뿅'과 '뿅뿅이 아닌 것'으로 나누었습니다. 태돌이와 다른 기준을 정하여 '팡팡'과 '팡팡이 아닌 것'으로 나누어 보시오.

뿅뿅

뿅뿅이 아닌 것

노란색인 것들은 '뿅뿅'이야.

| 기준 | '팡팡'은 예 동물입니다. |

팡팡이 아닌 것

팡팡

아이가 여러 가지 기준을 정하고 기준에 따라 나눌 수 있습니다. 기준과 개체의 속성이 옳으면 정답으로 봅니다.

50 PA8 경우의 수와 통계

📹 동영상 특강
QR 코드를 찍어 보세요!

2 빈 곳에 들어갈 수 있는 것을 Ⅰ가지씩 쓰시오.

우유에 바나나를 넣으면?

	우유
바나나	바나나 우유

	기계
바다	예 잠수함, 배

상상 속 동물을 적어야겠군.

	상상
동물	예 유니콘, 용

	과일
공 모양	예 수박, 오렌지

동화 빨간 모자에 나오는 그 동물은 나도 무서워.

	빨간 모자
동물	늑대

Chapter 2 속성과 분류 51

정답 및 해설 **11**

54
55

7 던지는 경우

대마법사 멀린이 마법 나라의 동전을 던집니다.

태돌이가 동전을 던졌을 때 나올 수 있는 경우는 모두 몇 가지인지 ☐ 안에 써넣으시오.

 ➡ **2** 가지

동전을 던지면 그림면과 숫자면 2가지 경우가 나옵니다. 동전이 서는 경우, 눈에 보이지 않게 굴러가는 경우 등의 일반적이지 않은 경우는 생각하지 않습니다.

티나와 현우가 딱지를 똑같이 접었습니다. 티나가 딱지를 던져 나올 수 있는 경우는 모두 몇 가지인지 구하시오. **2가지**

딱지도 동전과 마찬가지로 딱지를 던지면 앞면과 뒷면이 나오는 2가지 경우가 있습니다.

토토 포인트

어떤 일이 벌어질 수 있는 경우의 수를 알 수 있습니다.

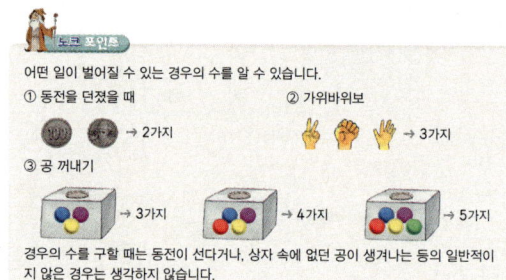

경우의 수를 구할 때는 동전이 선다거나, 상자 속에 없던 공이 생겨나는 등의 일반적이지 않은 경우는 생각하지 않습니다.

56
57

공 꺼내기

딴소리 요괴가 상자 안에 손을 넣어 공을 1개 꺼냅니다. 공이 나오는 경우는 모두 몇 가지입니까? **3가지**

❶ 다음 중 딴소리 요괴가 상자에서 꺼낼 수 있는 공에 모두 ◯표 하시오.

상자 안에 없는 공은 당연히 꺼낼 수가 없잖아. 이것도 몰라?

❷ ❶에서 모두 몇 개의 공에 ◯표 하였습니까? **3개**

❸ 공이 나오는 경우는 모두 몇 가지인지 쓰시오.

종류가 다른 공 3개가 있다고 했으니까……

[공 꺼내기]

1 주머니에서 공을 1개 꺼낼 때 생기는 경우는 모두 몇 가지인지 ☐ 안에 써넣으시오.

4 가지

1 가지

3 가지

2 가지

너무 어려워! 앙앙 모르겠어.

주머니 안에 종류가 다른 공이 몇 개 있는지 보렴.

🏹 3가지

태돌이가 다음과 같은 과녁에 1개의 화살을 쏩니다. 태돌이가 얻을 수 있는 점수는 모두 몇 가지입니까? **3가지**

태돌! 태돌! 화이팅!

❶ 다음과 같이 과녁에 화살을 맞혔을 때의 점수를 □ 안에 써넣으시오.

 7 점    1 점    5 점

❷ 태돌이가 얻은 점수는 모두 몇 가지인지 쓰시오.

과녁에 안 맞는 경우는 생각하지 않아.

[가위바위보]

1 현우와 티나가 가위바위보 놀이를 합니다. 티나가 가위바위보 놀이에서 낼 수 있는 손 동작은 모두 몇 가지인지 쓰시오. **3가지**

가위바위보~
현우

와~ 우리 똑같은 걸 냈어.
티나

어떤 걸 낼 수 있는지 잘 보렴.

[회전판]

2 다음과 같은 회전판을 돌렸을 때 화살표가 가리키는 색깔을 쓰고, 모두 몇 가지인지 □ 안에 써넣으시오. (단, 화살표가 2가지 색깔을 가리키는 경우는 생각하지 않습니다.)

회전판을 돌려라!

빨간색   노란색   연두색 ➡ 3 가지

8 과자집에 가는 길

큐리가 숲 속 길을 따라 과자집에 갑니다.

빨리 가서 과자 먹어야지~~

큐리가 길을 따라 과자집에 가는 방법은 모두 몇 가지입니까? **2가지**

과자집까지 가는 길이 2개이므로, 큐리가 길을 따라 과자집에 가는 방법은 2가지입니다.

같은 길을 따라가면 걸어가거나 뛰어가거나 모두 같은 방법이야.

🔵 현우가 길을 따라 과자집에 갈 수 있는 방법을 그리시오. 모두 몇 가지 방법이 있습니까? **3가지**

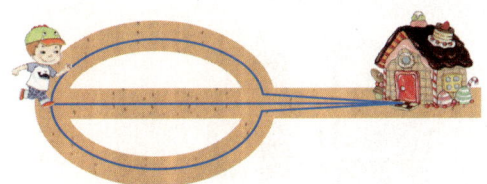

현우가 길을 따라 과자집에 가는 방법은 모두 3가지입니다.

🐜 체크 포인트

길을 따라 집에 가는 방법의 수, 옷을 입는 방법의 수 등을 직접 해보고 알 수 있습니다.

① 집에 가는 방법

② 옷을 입는 방법

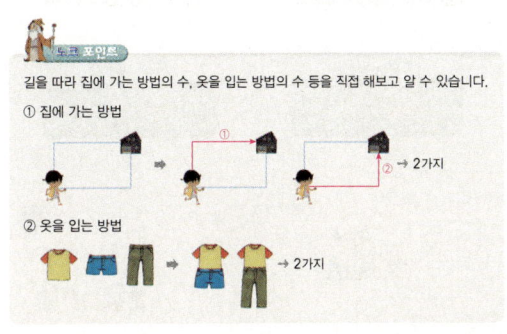

🐾 옷 입히기

태돌이가 형과 놀이터에 가기로 하였습니다. 태돌이는 옷을 꺼내 놓고 어떻게 입고 나갈지 고민하고 있습니다. 스티커를 사용하여 태돌이가 옷을 입는 방법을 나타내어 보시오. 모두 몇 가지입니까? **4가지**

준비물 옷 스티커

어서 입고 놀이터 가자.

[우비와 장화]

1 티나가 우비를 입고 장화를 신습니다. 입는 방법을 색칠하여 나타내시오. 모두 몇 가지입니까? **4가지**

🐉 고르기

대충이 요괴가 자판기의 윗줄에 있는 음료수 중 1개, 아랫줄에 있는 음료수 중 1개를 고르려고 합니다. 스티커를 사용하여 대충이 요괴가 음료수를 고르는 방법을 나타내시오. 모두 몇 가지입니까? **4가지**

준비물 음료수 스티커

2개 다 내가 먹을거야.

대충이 요괴

①   ②

③   ④

저걸 다 먹으면 이가 썩을 텐데.

같은 줄에 있는 음료수는 동시에 고르면 안 돼.

[빵 고르기]

1 다음 3개의 빵 중 2개를 고를 수 있습니다. 고르는 빵에 ◯표 하여 방법을 나타내고, 방법은 모두 몇 가지인지 ☐ 안에 써넣으시오.

$\boxed{3}$ 가지

[요괴 고르기]

2 대마왕이 3명의 꼬마 요괴 중에서 2명을 골라 심부름을 보내려고 합니다. 2명을 고르는 방법을 모두 찾고, 모두 몇 가지 방법인지 ☐ 안에 써넣으시오.

뛰어 요괴   딴짓 요괴   거꾸로 요괴

[방법 1] ($\boxed{뛰어}$ 요괴, $\boxed{딴짓}$ 요괴)

[방법 2] ($\boxed{뛰어}$ 요괴, $\boxed{거꾸로}$ 요괴) ➡ $\boxed{3}$ 가지

[방법 3] ($\boxed{딴짓}$ 요괴, $\boxed{거꾸로}$ 요괴)

14   PA8 경우의 수와 통계

9 가능성

다음 음식들 중에서 먹고 싶어하는 음식을 골라 먹을 수 있는 꼬마 요괴에 ○표, 먹을 수 없는 꼬마 요괴에 ×표 하시오.

난 바나나맛 우유가 먹고 싶어.

난 맛있는 사과가 먹고 싶은데.

바나나맛 우유가 있으니 먹을 수 있는 가능성이 있구나.

장난 요괴

울보 요괴

멀린

울보 요괴가 먹고 싶어하는 사과가 없으므로 먹고 싶은 음식을 먹을 수 있는 가능성이 없습니다.

🟢 다음 중 올바른 이야기를 한 사람을 쓰시오. **큐리**

이 회전판을 돌리면 화살표가 노란색을 가리킬 수도 있고, 가리키지 않을 수도 있지.

이 회전판을 돌리면 화살표는 항상 노란 색을 가리킬 거야.

현우

큐리

화살표가 회전판에 없는 색을 가리킬 수는 없단다.

📘 **포인트**

가능성이란 어떤 일이 일어날 수 있는지를 이야기하는 것입니다.

① 1부터 6까지 있는 주사위를 던졌을 때

🟩 이 나올 가능성이 있습니다.   🟩 이 나올 가능성은 없습니다.

② 회전판을 돌릴 때 화살표가 빨간색을 가리킬 가능성이 노란색을 가리킬 가능성보다 더 큽니다.

🐜 더 큰 가능성

12개의 문이 있는 방이 있습니다. 태돌이가 눈을 감고 문을 선택할 때, 빨간색 문과 노란색 문 중 어느 색깔 문을 선택할 가능성이 더 큰지 이야기해 보시오.

빨간색 문을 선택할 가능성이 더 큽니다.

빨간색 문이 11개, 노란색 문이 1개이므로 태돌이가 눈을 감고 문을 선택할 때 노란색 문보다 빨간색 문을 선택할 가능성이 더 큽니다. .

어떤 문을 선택할까?

[회전판 돌리기]

1 회전판을 여러 번 돌렸을 때 화살표가 가리킬 가능성이 더 큰 색깔을 ☐ 안에 써넣으시오.

빨간색   파란색   빨간색

[공 꺼내기]

2 뛰어 요괴가 상자에 손을 넣어 공 1개를 꺼냅니다. 1과 2 중 뛰어 요괴가 꺼낼 가능성이 더 큰 공에 ○표 하시오.

펄쩍 뛰어 공을 꺼내러 가야지.

보지 않고 꺼내면 당연히 더 많이 있는 공이 나올 가능성이 크지.

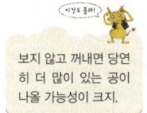

상자 안에 개수가 다른 두 가지 색 블록을 섞어서 넣고 보지 않고 꺼내는 활동을 통하여 아이에게 더 가능성이 크다는 것을 이해시킬 수 있습니다.

70 71

🐗 가능성이 없는 경우

멍하니 요괴는 회전판을 돌려 화살표가 가리키는 색깔의 구슬을 주머니에서 꺼내어 가질 수 있습니다. 멍하니 요괴가 원하는 색깔의 구슬을 가질 수 있는 가능성을 구하시오.

보라색 구슬을 가질 수 있는 가능성이 없습니다.

> 난 보라색 구슬을 가지고 싶어.

멍하니 요괴

❶ 회전판을 돌려서 화살표가 다음과 같은 색깔을 가리킬 때, 가질 수 있는 구슬을 선으로 이으시오.

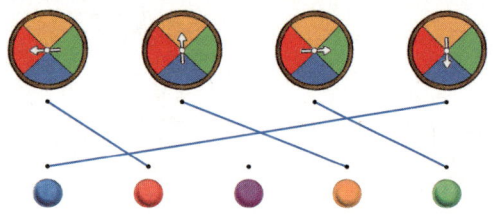

❷ ❶에서 회전판을 돌렸을 때 가질 수 없는 구슬은 무슨 색깔입니까?
보라색

❸ 멍하니 요괴가 보라색 구슬을 가질 수 있는 가능성이 있습니까, 없습니까?

[가능성이 없는 경우]
1 아이들이 말한 대로 될 가능성이 없는 경우의 기호를 쓰시오. ⓛ

동전 그림면 나오기	노란색 카드 뽑기

동전 그림면 나오기
> 동전을 던져서 그림면이 나오게 할 거야.

노란색 카드 뽑기
1 2 3 4 5 6
> 노란색 카드를 뽑아야 하는데.

ⓐ   ⓛ

회전판 3 나오기
> 회전판을 돌려서 3이 나오게 할 거야.

주사위 4 나오기
> 주사위를 던져서 4가 나오게 할 거야.

ⓒ   ⓔ

노란색 카드가 없기 때문에 노란색 카드를 뽑을 수 있는 가능성이 없습니다.

---

72 73

🧒 창의적 문제해결력

1 큐리가 길을 따라 놀이터에 갑니다. 놀이터에 가는 길을 모두 그리고, 몇 가지 방법이 있는지 쓰시오. **4가지**

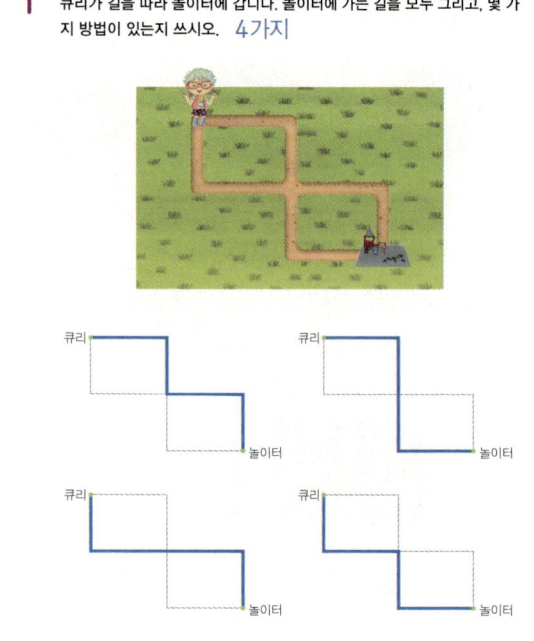

📍 동영상 특강
QR 코드를 찍어 보세요!!

2 현우가 투명한 상자 안에서 황금 열쇠를 꺼내면 지옥의 문을 통과할 수 있습니다. 현우가 울고 있는 이유는 무엇인지 이야기해 보시오.

상자 안에는 황금 열쇠가 없어서 황금 열쇠를 꺼낼 수 있는 가능성이 없기 때문입니다.

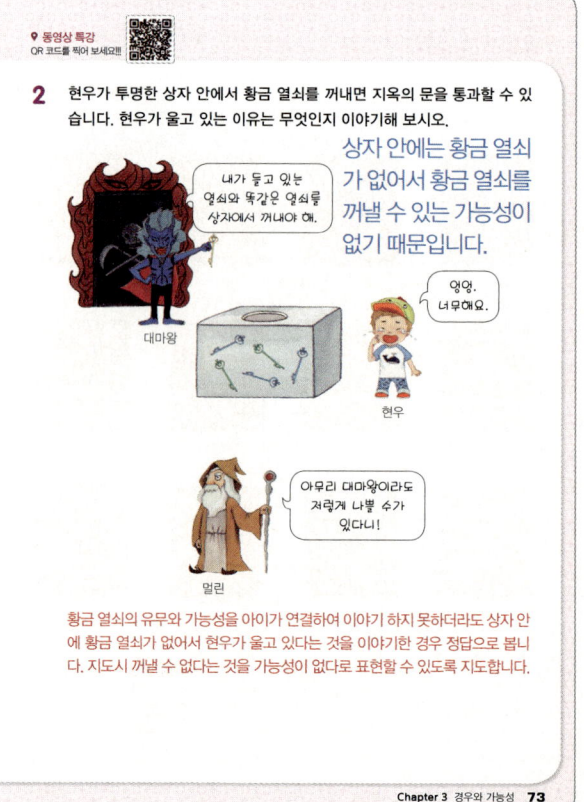

> 내가 들고 있는 열쇠와 똑같은 열쇠를 상자에서 꺼내야 해.

대마왕

> 엉엉. 너무해요.

현우

> 아무리 대마왕이라도 저렇게 나쁠 수가 있다니!

멀린

황금 열쇠의 유무와 가능성을 아이가 연결하여 이야기 하지 못하더라도 상자 안에 황금 열쇠가 없어서 현우가 울고 있다는 것을 이야기한 경우 정답으로 봅니다. 지도시 꺼낼 수 없다는 것을 가능성이 없다로 표현할 수 있도록 지도합니다.

표 그리기

쿠키 상자 안에 있는 쿠키의 수를 표로 나타내어 보시오.

 종이꿈 쿠키 스티커

먹고 싶다.

예

쿠키 상자 속 쿠키

쿠키	🤎	🟫	⭐	🔺
개수	4	9	8	6

❶ 다음 중 쿠키 상자 속에 들어 있는 쿠키의 종류를 모두 골라 ◯표 하시오.

❷ ❶에서 고른 쿠키 스티커를 위 표의 첫 번째 가로줄에 한 칸에 Ⅰ개씩 붙이시오.
쿠키 스티커를 붙이는 순서가 예시 답안과 다를 수 있습니다.

❸ 종류별 쿠키의 수를 표의 빈칸에 써넣으시오.

[여러 가지 표]

1 상자 안에 여러 가지 단추가 들어 있습니다. 단추의 모양, 색깔, 구멍의 개수에 따라 표를 완성하시오.

구멍의 개수별 단추의 개수

구멍의 개수	2	4
개수	10	10

모양별 단추의 개수

모양	⚪	⬜	⬭
개수	8	6	6

색깔별 단추의 개수

색깔	🔴	🟡	🟢	🔵
개수	7	4	3	6

표의 이해

사탕의 수를 나타낸 표를 보고 다음 물음에 답하시오.

주머니 속 사탕

사탕					🟢
개수	5	4	1	6	5

❶ 표를 보고 가장 많은 사탕에 ◯표, 가장 적은 사탕에 △표 하시오.

❷ 표를 보고 개수가 서로 같은 사탕에 모두 ◯표 하시오.

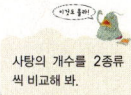

사탕의 개수를 2종류씩 비교해 봐.

[표 완성하기]

1 큐리는 같은 반 친구들이 좋아하는 간식을 조사하여 다음과 같이 표로 나타내었습니다.

좋아하는 간식

간식	떡볶이	아이스크림	초콜릿	쿠키	빵
좋아하는 사람 수	4	6	5	3	3

❶ 쿠키를 좋아하는 친구는 떡볶이를 좋아하는 친구보다 Ⅰ명 적습니다. 표의 빈칸에 알맞은 수를 써넣으시오.
4-Ⅰ=3(명)

❷ 초콜릿을 좋아하는 친구는 빵을 좋아하는 친구보다 2명 많습니다. 표의 빈칸에 알맞은 수를 써넣으시오.
3+2=5(명)

❸ 큐리는 가장 많은 친구들이 좋아하는 간식을 좋아합니다. 큐리가 좋아하는 간식은 무엇입니까? 아이스크림

정답 및 해설 **19**

12 마법의 약

여기 저기 흩어져 있는 마법의 약을 약통에 정리하시오, 정해진 위치에 맞게
약통의 세로줄에 아래부터 차례로 넣습니다.

붙임딱지 마법의 약 스티커

저 마법의 약만 먹으면
공부 안 해도 시험을
잘 볼 수 있을 텐데.

마법의 약통을 보고 다음 물음에 답하시오.

● 마법의 약의 종류는 모두 몇 가지입니까? 5가지

● 마법의 약의 개수를 종류별로 세어 □ 안에 써넣으시오.

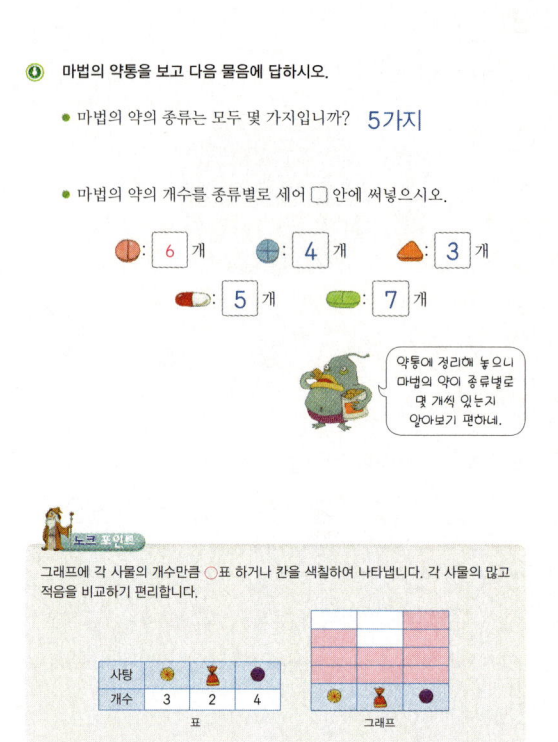

약통에 정리해 놓으니
마법의 약이 종류별로
몇 개씩 있는지
알아보기 편하네.

노크 포인트!

그래프에 각 사물의 개수만큼 ○표 하거나 칸을 색칠하여 나타냅니다. 각 사물의 많고
적음을 비교하기 편리합니다.

사탕	🍬	⏳	●
개수	3	2	4

표

그래프

그래프 그리기

태돌이와 친구들의 이야기를 보고 다음 놀이기구를 좋아하는 친구들의 수를 색
칠하여 나타내시오.

좋아하는 놀이기구

범퍼카	관람차	회전목마	롤러코스터	귀신의 집

범퍼카를 좋아하는
친구는 3명이구나.
관람차를 좋아하는
친구는 1명이야.

친구 3명이 귀신의
집을 좋아해.

회전목마를 좋아하는
친구는 4명이야.

롤러코스터를 좋아하는
친구가 가장 많네.
모두 7명이야.

[공구의 개수]

1 그림을 보고 개수에 맞게 ○표 하고, 카드 요정의 물음에 답하시오.

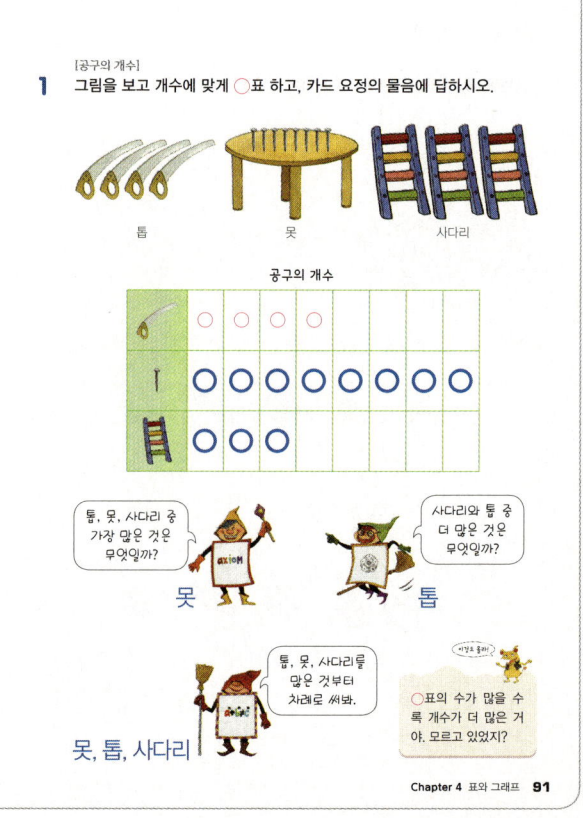

톱   못   사다리

공구의 개수

톱, 못, 사다리 중
가장 많은 것은
무엇일까? 못

사다리와 톱 중
더 많은 것은
무엇일까? 톱

톱, 못, 사다리를
많은 것부터
차례로 써봐.

못, 톱, 사다리

○표의 수가 많을 수
록 개수가 더 많은 거
야. 모르고 있었지?

표와 그래프

마법 학교에 다니는 꼬마 요괴들이 대마왕에게 벌점 스티커를 받은 것입니다. 다음을 보고 표로 나타내시오.

벌점 스티커

벌점 스티커

꼬마 요괴					
벌점 스티커 수	2	1	5	6	4

- 별점 스티커의 개수를 세어 적으라는 거잖아!
- 어떻게 하는 거지?
- 자느라 나쁜 짓을 많이 못했어.

[태어난 계절]

1 다음은 학생들이 태어난 계절을 조사한 것입니다. 조사한 결과를 그래프와 표로 나타내시오.

학생들이 태어난 계절

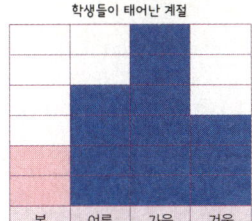

학생들이 태어난 계절

태어난 계절	학생 수
봄	2
여름	4
가을	6
겨울	3

/표로 지우면서 수를 세면 좀 더 꼼꼼하게 셀 수 있다는 사실~ 기억나지?

창의적 문제해결력

1 빵집에서 손님들이 빵을 먹고, 맛을 평가하는 스티커를 붙입니다. 다음을 보고 2가지 표를 완성하시오.

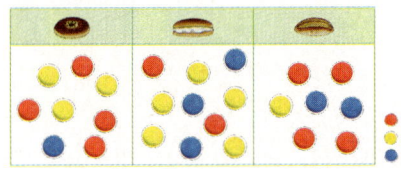

● 맛있음
● 보통
● 맛없음

빵을 먹은 사람

빵			
먹은 사람 수	8	10	7

각 빵마다 붙은 스티커의 수를 세면 빵을 먹은 사람의 수를 알 수 있어.

맛을 평가한 사람

맛	맛있음	보통	맛없음
평가한 사람 수	10	9	6

 스티커의 수를 모두 세어 봐. 맛있다고 평가한 사람의 수를 알겠지.

📍 동영상 특강
QR 코드를 찍어 보세요!

2 태돌이는 친구들이 좋아하는 동물을 표와 그래프로 나타내었습니다. 장난 요괴가 표와 그래프의 일부를 지워버렸습니다. 태돌이를 도와서 지워진 부분을 다시 나타내어 보시오.

좋아하는 동물

동물	토끼	코끼리	사자	호랑이	기린
좋아하는 사람 수	3	5	4	7	1

좋아하는 동물

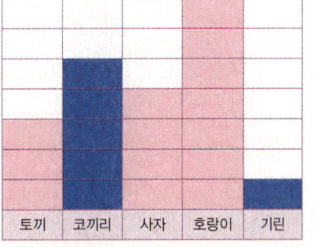

 기린을 좋아하는 친구들이 코끼리를 좋아하는 친구들보다 4명 적었어.

토끼와 호랑이를 좋아하는 사람 수를 그래프에서 보고 표에 나타냅니다.
코끼리를 좋아하는 사람 수를 표에서 보고 그래프에 나타냅니다.
기린을 좋아하는 사람 수는 코끼리보다 4명 적으므로 5-4=1(명)입니다.

정답 및 해설 **21**

MEMO

MEMO

MEMO

정답및
해설

경우의
수와 통계

PA8
(7~8세)

누구나 쉽고 재미있게
사고력
수학
노크

16쪽에 사용하세요.

39쪽에 사용하세요.

준비물 얼굴 스티커

43쪽에 사용하세요.

준비물 물건 스티커

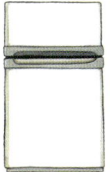    

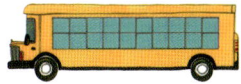   

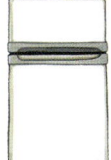    

33쪽에 사용하세요.

44쪽에 사용하세요.

45쪽에 사용하세요.

48쪽에 사용하세요.

62쪽에 사용하세요.

64쪽에 사용하세요.

80쪽에 사용하세요.

84쪽에 사용하세요.

88쪽에 사용하세요.

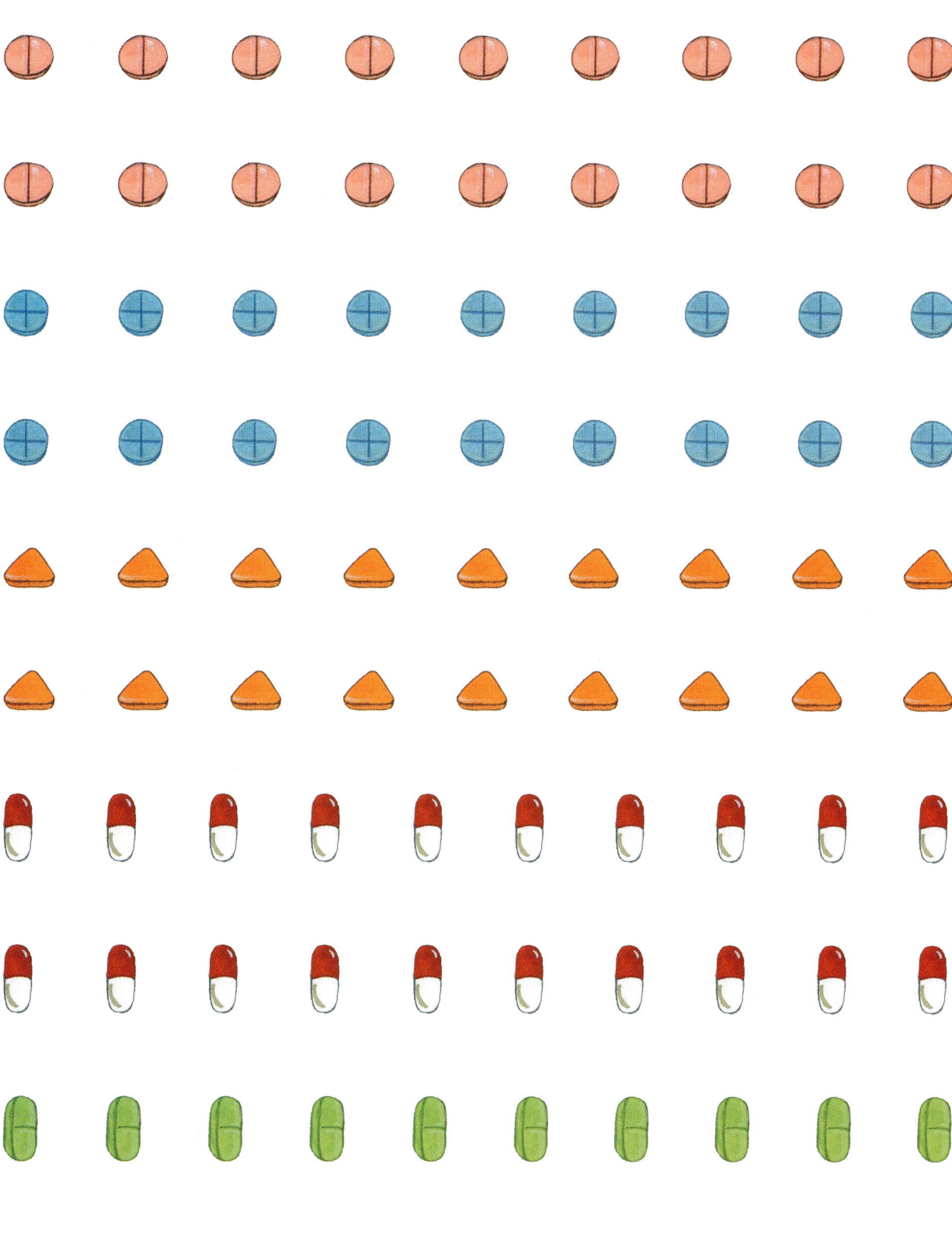